Jonathan Keyser

VOCÊ NÃO PRECISA SER IMPIEDOSO PARA VENCER!

Conquiste o sucesso sendo um líder altruísta

TRADUÇÃO
UBK Publishing House

ubook UBK Publishing House

Publicado mediante acordo com a DropCap Rights Agency. Edição traduzida do livro *You Don't Have to Be Ruthless to Win: The Art of Badass Selfless Service* publicado por Lioncrest Publishing.

COORDENAÇÃO Alessandra Brito
EDIÇÃO Ana Paula Pinho
COPIDESQUE Christian Danniel
REVISÃO Luísa Lopes e Emerson Luiz Xavier
CAPA Ubook
DIAGRAMAÇÃO Studio Oorka
IMAGEM DE CAPA Pixel-Shot/Adobe Stock

Dados Internacionais de Catalogação na Publicação (CIP)
(Câmara Brasileira do Livro, SP, Brasil)

Keyser, Jonathan
Você não precisa ser impiedoso para vencer! : conquiste o sucesso sendo um líder altruísta / Jonathan Keyser ; tradução UBK Publishing House. -- Rio de Janeiro : Ubook Editora, 2021.

Título original: You don't have to be ruthless to win
ISBN 978-65-5875-593-7

1. Administração 2. Altruísmo 3. Liderança 4. Líderes 5. Sucesso nos negócios I. Título.

21-69868 CDD-658.4092

Ubook Editora S.A
Av. das Américas, 500, Bloco 12, Salas 303/304,
Barra da Tijuca, Rio de Janeiro/RJ.
Cep.: 22.640-100
Tel.: (21) 3570-8150

Para meus filhos queridos: Jonathan, Ulysses, Finnegan e London.

Cada um de vocês é um presente inestimável e sinto-me honrado e grato por ser pai de vocês.

A alegria de ser pai de vocês é minha maior bênção, e eu me fortaleço muito por conta de vocês.

Cada um de vocês é extraordinário, único, talentoso, amoroso, altruísta e bondoso; eu sou o cara mais sortudo do mundo por poder chamá-los de meus filhos.

Vocês são perfeitos exatamente como são, nunca sejam nada além de vocês mesmos. Vocês são únicos, perfeitos, inestimáveis e infinitamente capazes, então nunca tentem ser outra pessoa ou outra coisa que não vocês mesmos.

Sigam sempre seus corações e nunca esqueçam quem vocês são e do que são capazes.

Em tempos sombrios, lembrem-se de que seu pai os ama incondicionalmente, e nada que algum de vocês viesse a fazer poderia mudar isso. Eu estarei sempre à disposição de vocês quando precisarem de mim.

Obrigado por terem a generosidade e a bondade de me perdoar e me amar, apesar das muitas vezes em que falhei como pai e não lhes mostrei amor incondicional e serviço altruísta.

Meu desejo para cada um de vocês é que encontrem para si mesmos a alegria e o poder de viver uma vida a serviço dos outros, e que isso transforme suas vidas assim como a minha foi transformada.

SUMÁRIO

PARTE DOIS: CRIANDO A KEYSER EXPERIENCE PARA SI MESMO

"Só uma vida vivida a serviço dos outros vale a pena viver."

— ALBERT EINSTEIN

UM CONVITE

Eu vislumbro um mundo...

Um mundo em que os empresários ajudam uns aos outros de forma altruísta e, como resultado direto, alcançam níveis extraordinários de sucesso.

Um mundo onde os graduados mais brilhantes das melhores universidades transformam as empresas que os contratam através do serviço altruísta.

Um mundo onde os empresários concentram cem por cento de seus esforços em ajudar de forma abnegada seus clientes, colegas e outros líderes empresariais a terem sucesso. Como resultado, eles alcançam níveis extraordinariamente altos de sucesso para si mesmos simplesmente porque ajudaram outras pessoas.

Um mundo em que todos vivem de acordo com o lema: "É dando que se recebe".

Isso pode parecer fantasioso, mas acredito que seja, de fato, possível. Na verdade, nós estamos provando isso todos os dias em um dos setores mais impiedosos do mundo.

Convido você a se juntar a mim na expansão de uma das abordagens de negócios mais improváveis, porém fenomenalmente eficazes, que você verá na sua vida.

Eu atuava no setor há dez anos. Dez anos. E eu acabei me perdendo no meio desse ambiente difícil e traiçoeiro.

Tinha começado da mesma forma que qualquer um no setor imobiliário comercial — de baixo, fechando negócios onde quer que eu pudesse, fazendo chamadas frias, tentando sobreviver com uma renda baseada em comissões. Mas depois de dez anos, mesmo com o sucesso financeiro que estava conseguindo ter, nada daquilo me parecia correto.

Foi nos últimos dois desses anos que comecei a me reinventar — eu queria fazer negócios de uma maneira diferente. Eu tinha ouvido falar do conceito de serviço altruísta durante uma sessão de grupo em uma conferência de negócios e aquilo ficou na minha cabeça. Aprofundei-me, pesquisei, procurei outras pessoas que estavam praticando esse método, e até contratei um coach para me ajudar a internalizar o processo. Enquanto começava a ver algum sucesso, um muro de tijolos havia surgido firmemente na minha frente.

Eu estava "colocando os outros em primeiro lugar" em um segmento guiado por "pegue tudo o que você puder". Enquanto eu finalmente me sentia bem com o trabalho que fazia e progredia, o som interminável do escárnio dos outros ecoava em minha mente: "Ninguém pode sobreviver no mundo dos negócios apenas ajudando os outros." Estava ficando mais difícil manter o foco, mais difícil manter o rumo. Amigos, família, outros líderes empresariais do setor e até mesmo pessoas dentro da minha empresa na época estavam convencidos de que eu fracassaria.

Comecei a evitar ir ao escritório e comecei a trabalhar de casa ou do meu carro. Eu não conseguia dormir bem, e o estresse estava se tornando insuportável. Tudo o que eu conseguia ouvir eram as vozes das pessoas me dizendo repetidamente que eu nunca conseguiria ter sucesso.

Certa manhã, acordei desesperado e liguei para meu coach, Steve Chandler. Já não me encontrava com ele há algum tempo, mas precisava conversar com alguém. Ele concordou em se encontrar comigo, então fui ao escritório dele e, quando me sentei, ele perguntou: "Então, o que está acontecendo?" Eu simplesmente não conseguia mais aguentar aquilo. Não costumo ser de chorar, mas estava me sentindo tão frustrado que caí em prantos, descarregando toda frustração e ansiedade que eu vinha reprimindo. Naquele momento, a tensão era tão grande que eu chorava com soluços incontroláveis. Estava no meu limite, enfrentando uma oposição implacável e rodeado de críticos, e não sabia o que fazer. Minha cabeça estava cheia com uma preocupação constante de que eu iria perder meu emprego, e sentia que não dava para continuar do jeito que estava.

Steve ouviu. Ele esperou. Depois, ele me lembrou do conselho que já havia me dado e disse: "Você precisa ligar para Steve Hardison. Ele o ajudará a fazer algo a respeito disso. Ele o ajudará a passar para o próximo nível — então você olhará para este momento no futuro e o reconhecerá como seu ponto de virada. Sua vida nunca mais será a mesma."

UM MUNDO QUE EU NÃO CONSEGUI "ENTENDER"

O sucesso era um constante desejo meu por ter crescido em uma família pobre. Estávamos sempre a um passo de perder a casa para o banco, e às vezes nos faltava até mesmo a capacidade de comprar itens de necessidade básica. Eu estava determinado a encontrar uma maneira de me tornar alguém bem-sucedido.

Enquanto crescia, meus pais me ensinaram a prestar um serviço altruísta aos outros, e eu ingenuamente pensei que era assim que os negócios também funcionavam. Comecei minha carreira profissional como todo mundo, com sonhos de sucesso e ideias sobre como os negócios e os relacionamentos deveriam funcionar. Como você pode imaginar, tive um grande choque de realidade e percebi que o mundo dos grandes negócios operava de uma maneira muito diferente daquela na qual eu fui criado.

Embora eu quisesse acreditar que meus pais estavam certos em sua orientação de serviço, eles nunca haviam experimentado nenhuma forma real de sucesso material. Por isso, em meu pensamento, não vi outra explicação a não ser que eles simplesmente não "entendiam" o que era necessário para alcançar o sucesso.

Descobri que os profissionais do setor imobiliário comercial não tinham nenhum conceito de servir aos outros. Em vez disso, eles lutavam por si mesmos, agarrando impiedosamente todas as oportunidades que podiam encontrar. Parecia que ganhar a qualquer custo era a regra do jogo. Muitas vezes, eles passavam por cima dos próprios colegas de equipe, manipulando ou mentindo para conseguir uma parte maior de uma transação. Os corretores afastavam os clientes de seus próprios colegas de trabalho, competindo dentro de suas próprias empresas. Lembro-me de ouvir falar de um agente cujo filho tinha ficado doente e precisava de ajuda, e então ele pediu a seu sócio para fazer uma reunião no lugar dele. O sócio participou da reunião levando seu próprio currículo e influenciou o cliente a contratá-lo como líder no lugar do agente antigo, e ele acabou recebendo a comissão maior.

Quando entrei no ramo de corretagem imobiliária comercial, um negócio cem por cento baseado em comissões, parecia que, para sobreviver, eu teria que me adaptar a este ambiente implacável e competitivo; e foi *exatamente* isso que eu fiz.

Eu queria ter sucesso, e se esse tipo de comportamento era necessário para atingir este objetivo, então eu continuaria agindo dessa forma. Sabe, eu pensava que esse era o único jeito. Durante anos, vivi minha vida adulta fazendo o meu melhor para me destacar no mundo altamente competitivo do setor imobiliário comercial. Eu era manipulador, insensível e fazia o que era necessário para vencer, independentemente dos danos colaterais que isso causasse.

Mas a felicidade nunca fez parte dessa conjuntura. Eu me sentia estressado e constantemente preocupado, dolorosamente consciente de que meu comportamento estava fundamentalmente em desalinho com meus valores e crenças fundamentais.

MUDANÇA RADICAL

Naquele momento, eu não percebi o quão abruptamente a mudança me atingiria. Quando participei de uma conferência de negócios em Miami, fui apresentado a uma nova abordagem radical de negócios centrada em focar todos os esforços em ajudar os outros a terem sucesso. Esta estratégia ecoou com as ideias de serviço altruísta da minha formação como pessoa. Decidindo abandonar minhas táticas cruéis e seguir essa nova abordagem rebelde, comecei o difícil processo de reinventar a mim mesmo.

Para muitos empresários megacompetitivos com quem falei sobre isso, a ideia de "ter sucesso ajudando o maior número possível de pessoas" soava insana e financeiramente irresponsável — e, em muitos casos, ainda soa. No entanto, decidi dedicar todo o meu tempo buscando formas de auxiliar outros empresários em vez de correr atrás de empresas que contratassem os meus serviços. Em vez de procurar clientes para mim mesmo o dia inteiro, decidi tentar encontrar maneiras de ajudar a todos com quem interagia a ter mais sucesso. Essa "reinvenção" pessoal mudou totalmente meu foco e foi uma virada de 180 graus em relação a tudo o que eu havia aprendido ao progredir como corretor de imóveis comerciais.

Por mais louca que essa mudança drástica na minha abordagem tenha parecido para todos ao meu redor na época, a verdade é esta: ajudar os outros a terem sucesso é a melhor estratégia de negócios que já vi para criar sucesso sustentável a longo prazo. Eu assumi esse compromisso em 2005 e nunca olhei para trás.

Tal conceito pode parecer insano e até mesmo bobo ou ingênuo para muitos. Como alguém com uma personalidade altamente motivada, do tipo A [ambicioso e competitivo], eu consigo entender por que as pessoas achariam isso. Posso dizer a você que, pelo contrário — baseado em ter realmente colocado isso em prática e criado mais sucesso do que eu jamais poderia ter imaginado —, essa é uma maneira extraordinária de ter sucesso. Eu não preciso vender. Não preciso persuadir. Não preciso convencer. Eu apenas sirvo, e há mais negócios me procurando do que eu consigo atender.

Parece bom demais para ser verdade? Ótimo. Você está prestando atenção. Escrevi este livro para mostrar ao cético em você que o *Keyser Way* não é apenas uma maneira melhor de fazer negócios, mas é também a melhor forma de ganhar tanto dinheiro que você não saberá o que fazer com ele; *e*, ao longo do caminho, você também encontrará felicidade e alegria em sua vida, como um resultado advindo do ato de servir de forma altruísta aos outros.

UM MODO DE VIDA E DE NEGÓCIOS

Mudar sua abordagem de negócios para o método que ensino neste livro pode parecer assustador no início, mas estou aqui para lhe dizer que você pode fazer isso, assim como eu o fiz. Eu sou uma pessoa comum. Posso ser mais motivado do que muitos, mas certamente não sou mais inteligente nem mais talentoso. Não progredi profissionalmente com conexões familiares e precisei estudar muito mais do que a maioria dos meus colegas de faculdade para tirar boas notas. No entanto, para minha surpresa e para a surpresa de muitos outros, a Keyser já cresceu, e nós estamos bem encaminhados com uma visão clara de nos tornarmos a maior e mais bem-sucedida empresa de consultoria imobiliária e de negócios do país.

Se eu, um corretor de imóveis comerciais anteriormente implacável e autocentrado, posso fazer essa transformação, *qualquer um* pode. Às vezes, era difícil manter esse jeito disruptivo de fazer negócios, ao ver outros ganhando comissões mais rapidamente e de forma impiedosa; no entanto, mantê-lo foi surpreendentemente mais fácil do que eu esperava. Também descobri que, com o tempo, meus sócios e clientes se apaixonaram pelo meu novo jeito de fazer negócios e queriam trabalhar comigo ainda mais do que antes.

Mas deixe-me ser claro. A metodologia de serviço em primeiro lugar que ensino aqui não é um modelo de gratificação instantânea. Este não é o jeito de "ganhar dinheiro rápido" ao fazer negócios; são necessários anos para realmente ver os resultados. Porém, se continuar comprometido com o modelo e continuar servindo, o retorno que você verá ao longo do tempo não será nada menos que fenomenal e, se me permitir a ousadia, você nunca mais precisará vender novamente.

PARTE UM

UMA JORNADA PARA O ALTRUÍSMO

Neste livro, reúno todos os segredos e lições que aprendi durante meus vinte anos de carreira empresarial para que você, leitor, tenha todas as ferramentas necessárias para conseguir um sucesso extraordinário através do serviço em sua própria organização. Quero que você tenha a capacidade de aprender com meus fracassos e sucessos para que possa fazer por si mesmo, dentro de seu setor escolhido, o que eu fiz na corretagem de imóveis comerciais. Este não é um plano de sucesso de dez anos, mas sim uma estratégia detalhada que você pode colocar em prática agora. Hoje.

Não importa se você é um iniciante nos negócios, tem sido um líder empresarial há alguns anos ou é um líder empresarial sênior com trinta anos de experiência dirigindo dezenas de empresas em todo o mundo, este livro é para você.

Este livro esclarece tanto o ***porquê*** de fazer negócios do jeito que fazemos quanto ***como*** fazemos. Ele explica estratégias específicas para colocar em prática esta ousada proposta e ensina os princípios norteadores que guiam as operações aqui na Keyser.

A Parte Um começa com a minha história. Compartilho a minha trajetória porque quero que você entenda o que precisei fazer para implementar este modelo e, também, para que você tenha um exemplo da vida real a seguir. Existem poucas pessoas nos negócios que realmente vivem esse modelo de serviço altruísta, mas há milhões que escrevem ou falam sobre ele. Eu não sou uma dessas pessoas que só falam. Sou um líder empresarial como você, e estou construindo e desenvolvendo ativamente uma empresa de sucesso utilizando as estratégias delineadas dentro dela. Isso não é teoria. Isso é filosofia em ação, e nós estamos provando que funciona todos os dias em nossa empresa.

Ao ler cada capítulo, você verá por que e como minha nova maneira de atuar surgiu. A metodologia única que utilizo não só me rendeu um sucesso financeiro surpreendente, mas também me trouxe grande alegria e criou relacionamentos extraordinários que, de outra forma, nunca teriam sido possíveis. Ela me inspirou a mudar um setor através do serviço e, o mais importante, ajudou-me a dormir muito melhor à noite, sabendo que estou ajudando as pessoas em vez de manipulá-las.

Portanto, leve o tempo que precisar. Preste atenção. Aprenda com minha jornada e permita-se ver minhas experiências pelo que elas são — o caminho que me levou a compreender plenamente como criar um sucesso extraordinário através do serviço, mesmo dentro de um setor tão impiedoso e feroz como o de corretagem imobiliária comercial.

Se eu posso fazer isso no setor da corretagem de imóveis comerciais, você pode fazê-lo em qualquer atividade.

Depois, na Parte Dois, vou revelar o processo simples, porém profundo, de reinvenção em três níveis que você como líder empresarial pode usar para criar a *Keyser Experience* dentro de sua própria organização.

Por meio dos Três Níveis de Reinvenção, definidos em detalhes dentro da estrutura dos 15 Princípios Operacionais Fundamentais da Keyser, vou ensiná-lo passo a passo como criar uma cultura de serviço de sucesso para si mesmo. Quero capacitá-lo a transformar sua própria vida e negócios, utilizando minhas filosofias. Se você tiver fé no processo e seguir um passo de cada vez — o seu futuro será extraordinário e insuperável.

O ponto principal é que este livro é realmente sobre você. Eu o escrevi para lhe proporcionar motivação, estratégia e as ferramentas necessárias para transformar a si mesmo e a sua organização através do serviço. Que este livro lhe inspire e prepare você para experimentar um sucesso extraordinário.

Obrigado por dar uma chance à minha história. Eu prometo que você não vai se arrepender.

CAPÍTULO 1

CRESCENDO ALTRUÍSTA POR OBRIGAÇÃO

Eu cresci sendo uma criança missionária cristã em Papua-Nova Guiné (PNG), o que talvez seja algo surpreendente. (Talvez você precise de um mapa-múndi para encontrá-la.) Eu cresci em um lar no qual toda a nossa vida girava em torno de ajudar os outros. Meus pais estavam constantemente procurando maneiras de servir aos outros — desde levar refeições para as famílias, dar carona para pessoas que não tinham transporte ou até mesmo colocar dinheiro em uma caixinha de presente e dá-la a uma família de refugiados no Natal. Nós providenciávamos um lugar para ficar para muitas pessoas ao nosso redor que passavam por momentos difíceis, e nossas portas estavam sempre abertas para os necessitados.

Conhecemos algumas pessoas muito interessantes durante nossa temporada no país. Muitas dessas experiências se somaram aos exemplos que tive de acolher e amar todas as pessoas, mesmo aquelas que são mais difíceis de lidar. Lembro-me de um rapaz que veio para ficar conosco por alguns dias. Era um americano bem estranho e socialmente desajustado em seus vinte anos, que tinha acabado de fazer uma caminhada de um dia pela selva e precisava de um lugar para descansar. Ele era vegetariano. Embora isso seja comum hoje em dia, naquela época, acho que meus pais nunca haviam conhecido um vegetariano de verdade.

Para o jantar daquela primeira noite, minha mãe preparou uma boa refeição para compartilhar com aquele sujeito. Ele se sentou à mesa e, ao ver comida de origem animal em seu prato, afastou-o para longe de forma dramática e disse a minha mãe em voz alta e enojada que não conseguia comer nada daquilo. Minha mãe não reagiu de modo negativo. Em vez disso, ela colocou um sorriso no rosto, levantou-se e foi ao jardim buscar algo diferente para preparar. Ele era um rapaz muito estranho e não demonstrou nenhum apreço pelo esforço adicional feito por ela quando sua refeição "aceitável" lhe foi servida.

Quando crianças, observando-o, nós nos sentimos bastante nervosos ao recebê-lo em nossa casa, mas meus pais lhe mostraram amor e o acolheram.

Mesmo sem muito dinheiro, aprendi os valores de dar, amar, servir e colocar os outros em primeiro lugar. Percebi que isso dava a meus pais a alegria, a satisfação e a realização que vem com o altruísmo. Em suas mentes, eles eram prósperos. Eles consideravam as necessidades das pessoas que sofriam ao seu redor como muito maiores do que as suas próprias.

ELES ESCOLHERAM SERVIR

Minha mãe passou a infância como missionária em uma reserva indígena apache no Arizona, vivendo entre pessoas que eram extremamente pobres. Ela decidiu, ainda jovem, que ajudar as pessoas era muito mais importante do que ter muito dinheiro. Meu pai também sentia isso, e ele havia especificamente escolhido o trabalho missionário e eclesiástico como sua carreira em vez de finanças corporativas, querendo passar sua vida simplesmente servindo aos outros.

Para mim, foi uma história diferente.

Dos sete aos onze anos de idade, minha família viveu em PNG, onde minha irmã mais nova e eu éramos as únicas crianças missionárias em uma área muito remota, montanhosa, no meio do nada. Éramos, de longe, as crianças mais ricas da região, em comparação com as crianças locais que viviam em cabanas e normalmente tinham um conjunto de roupas cada uma, se tivessem alguma. Muitos de meus amigos locais usavam apenas materiais do mato para se cobrir. Seus "brinquedos" consistiam em paus e pedras e pneus velhos, e eles passavam fome com frequência. Assim, embora nós mesmos tivéssemos bem pouco, quando comparado ao padrão americano, eu tinha muitas oportunidades para compartilhar, e eu tinha mais do que a maioria.

No entanto, havia algumas coisas que eu queria muito. Eu queria e sonhava constantemente com uma bicicleta. A cada seis meses, mais ou menos, uma grande caixa de madeira chegava com doações para nós missionários, e todos nos aglomerávamos em torno dela procurando brinquedos ou roupas que nos servissem. Todas as vezes, eu olhava ansiosamente para ver se havia uma bicicleta lá dentro, e sempre ficava desapontado.

Então, um dia, abrimos um caixote e, adivinhe só, havia uma bicicleta! E ainda por cima ela era do meu tamanho. Eu fiquei muito animado — até perceber que ela tinha apenas um pedal. As terras altas da Nova Guiné não tinham lojas de bicicletas onde pudéssemos comprar um pedal. Eu fiquei arrasado. Tentei de tudo, desde improvisar com galhos e bastões para tentar fazer funcionar, até pedir a um dos outros missionários para tentar soldar um bastão de metal na bicicleta para fazer outro pedal. Mas tudo isso me trouxe mais decepção. Tão perto, mas, ao mesmo tempo, tão longe!

Apesar de não ter uma bicicleta funcional, eu realmente não tinha uma sensação geral de carência por causa da pobreza que me cercava. Entretanto, foi quando nós voltamos aos Estados Unidos que eu entendi de verdade o quanto éramos pobres de acordo com os padrões americanos. Percebi rápido que eu não tinha o que as outras crianças americanas tinham. Minha mãe literalmente cortava meu cabelo usando uma tigela. Eu só tinha roupas fora do meu tamanho, muitas vezes folgadas, de lojas de segunda mão ou da caixa missionária, e nós não tínhamos dinheiro para comprar nenhuma das coisas legais que todas as outras crianças pareciam ter.

Era difícil crescer em uma casa onde meus pais rezavam para que o dinheiro fosse suficiente para pagar as contas. Para mim, a vida de serviço e doação era o que nos mantinha pobres. Eu não entendia as motivações deles, e os sentimentos de frustração cresciam dentro de mim. Decidi naquela época que não queria viver da maneira que eles me ensinaram. Não queria doar e ser altruísta constantemente e continuar sendo pobre, e não queria que meus filhos um dia tivessem que passar pelo que eu estava passando.

Percebo agora que essas experiências de vida foram um presente para mim. Elas me ensinaram duas coisas: (1) a compreender a decepção de ter uma necessidade não atendida e (2) a conhecer a alegria de receber de alguém que deu para suprir minha necessidade. As lições que aprendi ao crescer na pobreza foram inestimáveis.

UM EXEMPLO A SER SEGUIDO

Minha querida mãe é como uma santa e é a pessoa mais altruísta que eu já conheci. Foi com ela que aprendi a ouvir verdadeiramente as pessoas, a compreendê-las, a envolver todo o meu ser em torno do que ela está dizendo e sentindo — eu herdei todo esse mindset da minha querida mãe. Ela é generosa e extraordinária em todos os sentidos. Todos que a conheceram sabem que ela é puro amor, infinitamente positiva, e incondicionalmente atenciosa com todos que ela encontra. Ela é minha heroína.

Quando eu era criança, todos amavam minha mãe. Por causa dela, nossa casa era o lugar que as crianças do bairro queriam frequentar. Quando estavam em nossa casa, minha mãe se tornava a mãe delas. Ela amava todas elas, e essas crianças só tinham amor e respeito por ela. Ela fez tudo ao seu alcance para que sua presença fosse de aceitação e cuidado incondicional por cada uma delas. Seu amor incondicional pelas pessoas me deu a base do amor e respeito pelos outros que eu reproduzo em minha empresa. Nosso escritório foi criado para ser um lugar do qual tanto corretores quanto empresas com necessidades imobiliárias querem fazer parte, e onde eles sentem aceitação e cuidado incondicionais.

Quando eu me deparo com dificuldades, penso muitas vezes: "O que mamãe faria?". E então eu faço exatamente isso. Quando ela é atacada ou desrespeitada por alguém, eu nunca a vejo ficar com raiva ou ofendida. Ela se preocupa demais com a outra pessoa e seus sentimentos. Em vez de levar os insultos para o lado pessoal, ela responde com amor e empatia, ciente de que somente pessoas infelizes atacam outra pessoa. Ela sempre foi um exemplo incrível em minha vida.

UMA FUNDAÇÃO DE SERVIÇO ALTRUÍSTA

Meu pai, também, é um exemplo de serviço. Ele coloca os outros em primeiro lugar e é carinhoso e atencioso. Ele está sempre disponível para servir àqueles que o rodeiam. Meu pai e eu somos duas personalidades fortes, do tipo A, e nós tivemos nossa parcela de conflitos enquanto eu crescia. Hoje, eu vejo que todas as coisas que tanto me frustravam no meu pai quando eu era criança faziam parte da herança que ele me deixou. Ele me ensinou conceitos importantes que são necessários para ter sucesso na vida. Na época, eu era cego demais para perceber isso.

Meu pai sempre priorizou sua família, o que ele fez mesmo às custas de seus próprios sonhos e objetivos — mas vou chegar a esse exemplo mais tarde. É por causa de sua dedicação a nós que um de meus objetivos quando criei a Keyser foi mostrar a ele que seu investimento em mim valeu o tempo, o dinheiro, a dor e o esforço de me criar.

Como houve tantos anos de dificuldades financeiras para minha família, eu pude experimentar os dois lados da generosidade.

Algumas vezes, nós doávamos, outras vezes, nós recebíamos. Eu conheço o sentimento de ambos os lados.

Meus pais introduziram e formaram a base do serviço altruísta em minha vida. Eu fui exposto a esse princípio transformador através das ações diárias deles. Eles foram as pessoas que me iniciaram em minha jornada e, definitivamente, tornaram essa jornada possível. As coisas que eles me ensinaram sobre amar e servir aos outros acabariam por fechar um ciclo e criar um extraordinário sucesso financeiro em minha própria vida.

Eu simplesmente não sabia disso na época.

CAPÍTULO 2

DEIXANDO UM LEGADO

Esse legado de servir aos outros não começou com meus pais. Ele começou numa geração inteira anterior, com meus avós maternos. Eles criaram corajosamente oito crianças em um pequeno trailer na reserva indígena apache em San Carlos, Arizona, enquanto meu avô trabalhava numa equipe que traduziu a Bíblia para a língua apache e que fundou e dirigiu uma igreja local. Meu avô sentiu que havia recebido um chamado para servir ao povo apache, e dedicou toda a sua vida incansavelmente ao seu trabalho.

DESEJANDO MAIS

A oportunidade de servir em PNG foi um sonho tornado realidade para meus pais. Enquanto minha mãe educava minha irmã e eu, meu pai criou um currículo bíblico para os líderes da igreja local em sua língua para treinar seus próprios pastores, ajudando-os a se libertarem de sua dependência dos missionários.

Quando eu tinha onze anos e ainda estava em PNG, meu avô morreu inesperadamente nos Estados Unidos, então nossa família deixou o país e viajou de volta para comparecer ao funeral dele. Naquela época, eu estava terminando meu sexto ano de ensino em casa com minha mãe. Ela era certificada para ensinar somente até essa série. Então, se voltássemos para PNG, meus pais teriam que me mandar para o internato para cursar a sétima série, por isso eles decidiram permanecer nos Estados Unidos.

Nós nos mudamos para uma cidadezinha rural no Novo México e morávamos em um trailer pequeno e desgastado que ficava estacionado no terreno do meu tio. Ele ficava perto dos trailers onde minha avó recém-viúva e a família de meu tio moravam. Embora meu pai tenha se esforçado muito para encontrar trabalho na cidade, não havia muitas vagas disponíveis. Ele fazia todos os bicos que encontrava, e minha mãe foi contratada pela escola local para lecionar na segunda série.

Nessa nova escola, aprendi a me adaptar à crueldade. Eu tinha aprendido a me entrosar e me tornado tão bom na língua em PNG que parecia um nativo. Agora, porém, nessa pequena cidade de vaqueiros na zona rural do Novo México, eu me sentia perdido. Fui à escola e imediatamente me dei conta que eu era o garoto missionário esquisito que não se encaixava e de quem todos zombavam. Não que eu não merecesse. Lembro-me de dizer a outras crianças que elas "não deveriam xingar porque Jesus não iria gostar disso" e depois levar um soco no estômago por ter dito isso. Caramba, eu era muito sem noção! Também não tinha me desenvolvido fisicamente ainda, então o bullying das crianças maiores tornou-se uma rotina diária. Percebi que teria que me adaptar e resistir para sobreviver. Na época, eu não tinha ideia de como aquela lição de vida precoce me ajudaria na carreira, onde sobreviver em um mundo cruel seria levado a um nível totalmente novo.

NUNCA PROGREDINDO

Depois de um ano no Novo México, nós nos mudamos novamente, dessa vez para Phoenix, Arizona. Sempre parecíamos estar falidos e eu me perguntava o que meus pais estavam fazendo de errado e por que nós nunca tínhamos dinheiro. Meu pai encontrou um cargo de contabilidade de nível júnior, e minha mãe lecionava na quinta série de uma escola cristã, ganhando um salário de 12 mil dólares por ano. Felizmente, os filhos dos professores podiam frequentar a escola de graça, ou eles nunca poderiam ter se dado ao luxo de colocar eu e minha irmã em uma escola particular.

QUEBRANDO AS REGRAS, GOSTANDO OU NÃO DISSO

A escola cristã que frequentei em Phoenix era muito rigorosa, com um rígido código de vestuário e expectativas de comportamento quase militar. Naquela época, usar calça jeans rasgada era considerado culturalmente "legal", mas nossa escola tinha regras bem definidas contra isso. Com a realidade financeira da nossa família, regras como essa às vezes eram difíceis de seguir.

Um dia, depois da escola, eu estava jogando futebol com alguns amigos e recebi um carrinho que fez um buraco na minha calça jeans — a única que eu tinha. Não tive escolha a não ser usar a calça jeans rasgada na escola novamente no dia seguinte.

Caminhei pelos corredores sentindo-me nervoso, esperando que ninguém dissesse nada. Entretanto, o diretor me viu passar e me puxou de lado.

— Jonathan — disse ele. — Por que você está usando uma calça jeans com um buraco no joelho?

— Esta é a minha única calça — respondi, envergonhado por ser a verdade.

O diretor presumiu que eu estava mentindo e ficou furioso. Ele me segurou com firmeza pelo braço e me levou direto para a sala de aula de minha mãe e esmurrou a porta.

— Como posso ajudá-lo, senhor? — disse ela, parecendo apreensiva enquanto saía da sala e fechava a porta.

— Sinto muito por incomodá-la, sra. Keyser — falou o diretor. — Mas acabei de pegar Jonathan mentindo e queria que você soubesse.

Você sabe que calças jeans furadas não são aceitáveis aqui, e Jonathan está me dizendo que esta é a única calça que ele tem. Quero que você esteja ciente da mentira dele, e que eu pretendo puni-lo à altura.

Os olhos de minha mãe encheram-se de lágrimas quando ela disse ao diretor que aquela era a única calça jeans que eu tinha. Ela lhe disse que meu pai estava desempregado no momento, que não tínhamos condições de comprar uma nova, e que tentaria remendar a calça naquela noite para que eu não infringisse mais a regra.

Não preciso nem dizer que o diretor se sentiu péssimo. Ele se atrapalhou todo com as palavras, e pediu mil desculpas à minha mãe. Disse que tentaria me arranjar uma calça para vestir e me acompanhou até a sala dele. Vasculhando a pilha de achados e perdidos, ele encontrou uma calça jeans desbotada que, por acaso, era do meu tamanho e me deu. Caramba, como eu fiquei feliz, pois aquela era a calça jeans mais legal e moderna naquela época!

Nossa, me senti bem demais ao sair da sala do diretor vestindo aquela calça jeans "nova" e desbotada. Não só porque foi a primeira calça jeans da moda que eu tive, mas também porque ela serviu direitinho em mim. Estava tão empolgado por ter uma calça jeans nova e legal — que não era nem doação nem de brechó — que a usei orgulhosamente todos os dias até ela ficar pequena para mim. Minha necessidade simples tinha sido saciada através dos achados e perdidos da escola, tudo por causa de um jogo de futebol e de um erro do diretor.

MUITO MAIS

Meus pais continuaram a ter dificuldades financeiras. Muitas vezes, nós não tínhamos certeza de como conseguiríamos fazer o pagamento mensal de setecentos dólares pelo aluguel da casa. Não sei dizer quantas vezes meu pai reuniu nossa família na sala de estar para rezar intensamente por um milagre. Lembro-me muitas vezes de rezar fervorosamente para que não fôssemos expulsos de nossa casa.

Sempre, de alguma forma, conseguíamos pagar o aluguel. Às vezes, as pessoas da igreja nos ajudavam; outras vezes, o dinheiro simplesmente aparecia de alguma fonte completamente inesperada. Era impressionante como nossas necessidades eram sempre atendidas, mesmo quando a situação parecia desesperadora.

Através de tudo isso, o cuidado e a compaixão de meus pais pelos outros continuou. Eles estavam constantemente acolhendo pessoas que precisavam de um lugar para ficar. Amigos que passavam por situações difíceis nos chamavam, sabendo que meus pais os acolheriam e os ajudariam em seus momentos difíceis.

Eu nunca vou esquecer a decisão de meus pais de praticamente adotar duas meninas refugiadas em nossa família, uma da Bósnia e a outra do Afeganistão. Elas não eram oficialmente minhas irmãs porque tinham suas próprias famílias — seus pais eram refugiados de duas guerras diferentes no exterior —, mas passaram muito tempo em nossa casa e se tornaram membros "honorários" de nossa família. E elas ainda são. Meus pais as amavam e as ajudaram em tudo o que podiam, mesmo a ponto de pagar a mensalidade para que uma das meninas pudesse frequentar a escola onde minha mãe ensinava.

Para meus pais, não se tratava de saber se eles tinham condições de trazer alguém para nossa família — eles simplesmente traziam.

CAPÍTULO 3

MAIS DO QUE UM ENTREGADOR DE PIZZA

Quando cheguei ao meu primeiro ano do ensino médio, passei a estudar em uma escola pública — e gostava muito mais porque odiava o legalismo e as regras rígidas da escola cristã que eu frequentava. Finalmente consegui ir para uma escola "normal" como outras crianças "normais".

Finalmente comecei a fazer mais amigos, consegui um trabalho de meio período e tinha até uma namorada. No entanto, eu não tinha muita ideia do que queria fazer depois da formatura. Meus pais nunca haviam falado nisso e eu, sinceramente, nunca havia pensado no futuro. Então, quando meu pai entrou no meu quarto um dia e me perguntou o que eu queria fazer com minha vida, fiquei um pouco atônito.

— O que você quer dizer com isso? — perguntei. — Sou um entregador de pizza. Sou bom nisso. Sou considerado o melhor entregador da minha loja. Acho que provavelmente vou continuar fazendo isso.

— Tenho pensado sobre você — disse ele. — Acho que você poderia ser muito mais do que isso.

Ele me lembrou de uma conversa que tivemos anos atrás, na qual ele me falou que eu tinha talento para a argumentação. — Acho que você deveria pensar em se tornar um advogado — afirmou ele.

Achava algo inimaginável. Eu, um advogado? *Uau.* Parecia impossível. Pensei que só pessoas superinteligentes pudessem se tornar advogados, não um garoto missionário, entregador da Domino's, como eu! A ideia toda me pareceu absurda. Eu nunca teria imaginado algo assim. Mas naquele mesmo dia, pela primeira vez na minha vida, comecei a pensar além das pizzas. Pensei que seria melhor ir para a faculdade se eu quisesse ser advogado, e que deveria escolher uma boa escola para conseguir um bom emprego assim que me formasse.

Decidi que queria correr atrás do sonho de morar na Califórnia, então me candidatei e fui aceito na UCLA, onde estudei muito e compensei minha média anterior de notas não tão impressionantes. Ao mesmo tempo em que fazia um curso completo e mantinha uma média de notas A, eu também tinha um emprego para pagar minhas contas e, de alguma forma, ainda consegui entrar para uma fraternidade e ter uma vida social.

Antes de entrar na UCLA, tirei um trimestre para estabelecer residência na cidade e trabalhei para juntar algum dinheiro para me sustentar na faculdade. Acabei trabalhando na Domino's Pizza em uma pequena cidade da Califórnia chamada La Cañada, onde morei temporariamente com uma família que me acolheu. Infelizmente, a demanda por entrega de pizza lá era muito menor do que a loja no Arizona de onde eu tinha vindo, então meu plano de ganhar e economizar dinheiro suficiente para a faculdade não estava indo muito bem. Enquanto eu varria o chão imundo da pizzaria uma noite enquanto fechávamos, um amigo meu que estava limpando comigo sugeriu que eu desse uma olhada em um novo negócio que ele estava entrando e que supostamente lhe renderia de quatro a cinco mil dólares por mês.

Isso era uma fortuna para mim na época, então eu escutei atentamente. Segui seu conselho e acabei me tornando um representante independente da MCI em um programa especial que visava conquistar novos clientes para o serviço de telefonia de longa distância da empresa.

Como eu sabia um pouco de espanhol, me concentrei na comunidade hispânica em Los Angeles, porque muitos deles estavam pagando tarifas exorbitantes para ligar para suas famílias no México. Fui até onde as pessoas estavam. Como muitos hispânicos de Los Angeles na época pagavam suas contas com dinheiro e direto no caixa, eu montava uma mesa de atendimento na calçada em frente aos centros de pagamento e os ajudava a mudar para a MCI.

Trabalhei duro e acabei me tornando o cara mais importante neste programa especial em âmbito nacional. Por meio desta oportunidade, provei para mim mesmo que poderia ser bem-sucedido, e os ganhos ajudaram a me sustentar durante a faculdade. O serviço altruísta de meus pais os deixou pobres, e essa foi a primeira vez que senti o gosto do sucesso financeiro por conta do trabalho duro.

MUDANDO A ROTA

Então, no final do meu segundo ano de graduação na UCLA, meu professor favorito me chamou para conversar em particular e disse que não acreditava que tornar-se um advogado fosse o caminho ideal para mim.

— O que você quer dizer com isso? — perguntei, desconcertado. — Esse tem sido o meu objetivo desde o primeiro dia! Minha graduação em Ciência Política está me preparando para isso e eu tenho me esforçado muito para atingir essa meta!

Ele disse que não acreditava que eu iria gostar de uma carreira na advocacia. Ele sentiu que meus pontos fortes seriam mais bem aproveitados em uma área diferente e que eu deveria procurar uma profissão que fosse mais empreendedora e mais voltada para as pessoas. Fiquei, de certa forma, surpreso ao ouvir isso, pois ninguém jamais me havia dito que eu era empreendedor ou que tinha boas habilidades com pessoas. Eu sabia que tinha me saído bem com a entrega de pizzas e com a MCI, mas achei que era só porque eu trabalhava mais do que qualquer outra pessoa. Meu professor me disse que acreditava que eu seria muito mais feliz em uma linha de trabalho diferente e eu saí do escritório dele atônito e com minha cabeça girando.

Eu não sabia o que fazer. Eu tinha muito apreço por aquele professor e sabia que ele sempre teve em mente o que achava melhor para mim. Essa conversa acabou sendo mais um ponto de virada em minha vida. Hoje, sou muito grato por ele ter se importado o suficiente para me dizer a verdade. Hoje, eu seria infeliz como advogado e teria perdido a incrível jornada que me levou a escrever este livro. Felizmente, segui o conselho dele e decidi descobrir o que eu queria fazer com minha vida.

Sem saber o que fazer em seguida, imprimi um monte de currículos e fui a uma feira de empregos na UCLA. Entreguei mais de cinquenta deles, um para cada uma das empresas presentes, independentemente do setor ou da descrição do cargo. Recebi um monte de cartas dessas empresas em resposta, tantas que foi avassalador. Eu não tinha ideia do que qualquer uma dessas empresas fazia e não tinha uma direção real a seguir. Respondi a algumas das grandes empresas que reconheci, mas nos primeiros cinco minutos de cada entrevista, ficava claro que aqueles lugares não seriam uma boa opção para mim.

Frustrado, afixei todas as cartas em um quadro de cortiça no meu quarto para lidar com elas em outro momento.

Depois de alguns dias, meu amigo Jon apareceu e pegou do quadro de cortiça a carta de interesse de uma corretora imobiliária comercial da cidade. Ele me entregou a carta e disse que eu deveria participar de uma entrevista com eles, dizendo: "Você seria perfeito para esse trabalho."

— Você quer ter um dia seu próprio jato particular? — perguntou ele.

— Hã... sim — respondi. — Claro que sim.

— Então esta é a sua chance.

A ideia de que eu, um garoto pobre vindo de Papua-Nova Guiné, poderia ser o dono de um jato particular um dia era absurda para mim!

Não preciso nem dizer que ele me convenceu. Liguei e marquei uma entrevista na corretora. A partir do momento em que entrei na empresa, adorei tudo o que tinha a ver com ela. Adorei as pessoas que conheci lá, que pareciam todas muito motivadas e focadas no sucesso. Vi sujeitos de ternos chiques dirigindo carros bonitos e trabalhando em escritórios em arranha-céus. Eles tinham em suas mesas fotos de suas lindas esposas e famílias em destinos de férias exóticos. Disseram-me que não havia limite de rendimento — que se podia ganhar tanto dinheiro quanto se quisesse, desde que se trabalhasse muito, muito duro. Bem, trabalhar duro era no que eu tinha me especializado até aquele momento, e depois de ver tudo aquilo, tinha tomado minha decisão. Era isso que eu queria fazer. Eu queria fazer parte daquilo!

CAPÍTULO 4

UM DESAFIO PARA MUDAR TUDO

Querendo ter certeza de que comecei na melhor corretora possível, eu peguei a lista das melhores corretoras de imóveis comerciais e entrei em contato com as cinco primeiras da lista. Depois de muitas entrevistas e de receber uma série de ofertas, decidi seguir com a Grubb & Ellis.

Eu estava trilhando meu caminho!

COMEÇANDO DO ZERO

No dia em que comecei na Grubb & Ellis, eles basicamente me deram uma lista telefônica e disseram: "Faça acontecer." Com zero experiência ou conhecimento imobiliário, tornei-me uma máquina de desenvolvimento de negócios para a empresa. É isso que os novos corretores fazem. A empresa lhe paga um salário minúsculo durante um ano e o resto você tira de comissão. Se você conseguisse "fazer acontecer" e gerar e fechar negócios suficientes, você poderia realmente sobreviver e fazer parte dos vinte por cento que "fizeram acontecer" no negócio.

Eles acompanhavam quantas ligações telefônicas fazíamos e quantas solicitações de visita nós "novatos" conseguíamos, e davam prêmios para os que conseguiam fazer mais chamadas frias. Eu sempre me esforçava para chegar em primeiro. Eu queria fazer sucesso e não ia deixar nada nem ninguém se meter no meu caminho.

Eu tinha ouvido histórias de pessoas que faziam qualquer coisa para atingir o sucesso como corretor imobiliário comercial, mas não tinha ideia de quão impiedoso e feroz era realmente o negócio no qual havia me metido. Ainda me lembro de Joe — um corretor experiente com uma aparência frágil e cabelos brancos e revoltos, que já estava anos além da idade da aposentadoria — me puxando de lado depois das primeiras semanas para me dizer:

— Jonathan, você parece ser um rapaz gentil. Meu único conselho para você é que tome cuidado. Esse ramo está repleto de tubarões, e é cada um por si. Caras legais são pisoteados nesse ramo. Você precisa querer ser o número um e jogar o jogo se espera sobreviver nesse ramo louco e perverso.

Eu levei a sério as palavras do velho Joe. Tinha visto o exemplo de meus pais passando a vida inteira a serviço dos outros e estando constantemente falidos, e eu não queria esse tipo de vida. Eu queria ser rico, e queria ter o sucesso que os corretores seniores ao meu redor tinham. Se era isso que precisava fazer para ter sucesso, então eu topava. Tendo experimentado a cultura da crueldade já nas minhas primeiras semanas na empresa, decidi então que seria o corretor mais implacável de todos eles. Eu não ia deixar ninguém tirar vantagem de mim. Eu ia vencer a qualquer custo.

E foi exatamente isso que eu fiz!

MENTINDO COM SINCERIDADE

Aprendi rapidamente uma habilidade que "todos os corretores de sucesso conhecem": como mentir de forma muito convincente para alguém enquanto sorri e age de forma extraordinariamente sincera e genuína. Essa é uma habilidade que você aprende rapidamente. Se você suspeitasse que alguém estava perto de adivinhar quem era seu cliente ou potencial cliente, você tinha que tirá-lo de jogo... e rápido!

Nos meus primeiros meses, fiz uma chamada fria a uma empresa que precisava alugar um novo prédio para sua crescente operação. Eles concordaram em me deixar ajudá-los a encontrar o lugar certo. Como em muitas transações imobiliárias, esse relacionamento com o cliente era um acordo verbal, e minha tática foi enviar-lhes o maior número possível de espaços disponíveis e tentar criar um sentimento de urgência na mente do cliente. Queria que eles assinassem um contrato de arrendamento ou comprassem um prédio comigo o mais rápido possível, antes que outro corretor aproveitasse e tentasse roubar o cliente de mim.

Outros corretores no escritório ouviram minhas conversas telefônicas com esse cliente relativamente grande e, de repente, eu tinha um monte de amigos recém-descobertos no escritório parando na minha mesa. Dizendo que eles estavam lá apenas para "colocar a conversa em dia", seus olhos passeavam freneticamente por minha área de trabalho procurando qualquer sinal do nome da empresa para que eles pudessem entrar em contato e oferecer-se para me substituir. Eles diziam coisas como: "Bom trabalho, Jonathan, você conseguiu um ótimo cliente! Conte-me um pouco sobre o que eles precisam... conheço algumas oportunidades fora do mercado e talvez tenha uma ideia para ajudá-lo. Onde eles estão localizados no momento?"

Os conselhos de Joe soaram em meus ouvidos quando esses novos amigos falsos se juntavam a mim, e eu sorria e mentia. Eu lhes dizia que não era realmente uma boa oportunidade, que na verdade era muito menor do que parecia, e qualquer outra coisa que eu precisasse dizer para desencorajar o interesse deles. Tal como esses novos amigos chegavam, eles partiam para arrancar informações do próximo novato.

Após perceber que alguns dos corretores estavam fazendo acordos com a equipe de apoio para ouvir as ligações feitas nas salas de conferência do escritório, aprendi a importância de fazer ligações telefônicas significativas para os clientes dentro do meu carro. Também me tornei muito bom em dizer qualquer coisa, independentemente da verdade, para conseguir que um cliente assinasse um acordo. Como os corretores são compensados com uma porcentagem comissionada do preço total, quanto mais longo ou caro o aluguel, ou quanto maior o preço de venda, mais comissão o corretor recebia. Esse era o jogo.

Quase todos os inúmeros livros que li sobre vendas e sucesso ensinavam técnicas para manipular as pessoas a fim de obter o que se queria delas. Então foi exatamente isso que fiz. Eu mostrava apenas as propriedades de maior comissão, deixando as propriedades de menor pagamento de fora. Tornei-me bom em "criar falsa urgência" dizendo aos clientes, embora raramente fosse o caso, que outra pessoa queria o espaço que lhes interessava, implicando um sentimento de perda potencial. Aprendi a prática generalizada de "representar" ambos os lados das transações imobiliárias para aumentar minha comissão e aprendi que aumentava ainda mais minhas chances ao concordar com o que quer que o cliente ou potencial cliente dissesse, mesmo que isso fosse errado, racista ou antiético.

Não era incomum que eu falasse mal ou desse informações negativas sobre outro corretor, verdadeiras ou não, para conseguir que um cliente em potencial assinasse comigo. Queria ganhar a todo custo e, na época, eu realmente acreditava que essa abordagem não autêntica e manipuladora era o que eu precisava para chegar à frente. Quanto mais ela funcionava, mais eu acreditava.

VIRANDO-ME CONTRA MINHA PRÓPRIA ESPÉCIE

Eu também era implacável dentro do escritório, fazendo exatamente aquilo contra o que eu tentava me resguardar. Eu tentava ouvir as conversas de outros corretores com os clientes ou inspecionar a mesa de um colega corretor para obter pistas sobre as perspectivas ativas que eu poderia então perseguir. Eu até fazia perguntas a outro corretor no escritório como se estivesse representando um novo cliente em potencial para as propriedades dele. Então eu usava essas informações para tentar roubar inquilinos desses mesmos edifícios e realocá-los para um edifício diferente para meu próprio benefício.

Quando trabalhava em um projeto com outra pessoa no escritório, eu tentava de tudo para assumir o processo e marginalizá-la para que ao final da transação, eu negociasse uma porcentagem maior para mim mesmo. Quando nós discutíamos as divisões de comissões, eu negociava agressivamente pela maior porcentagem possível, independentemente do que a outra pessoa realmente merecia ou seria justo que recebesse.

MEXENDO OS PAUZINHOS

Na comunidade, se alguma vez "dei" algo a alguém durante esse período de minha vida, foi sempre com algum propósito oculto. Eu apresentava um contato no mercado a um cliente em potencial e esperava que ele me retribuísse o favor imediatamente. Se ele não o fizesse, eu reclamaria que este indivíduo "só queria receber" e depois avisaria a pessoa de que ela precisava retribuir o favor ou eu cortaria relações com ela.

Sem nada no meu caminho além de manipulação cruel e prejudicial, eu havia me tornado um seguidor e mestre da filosofia do "eu em primeiro lugar".

Mas havia algo errado. Não gostava da pessoa que eu estava me tornando. Comecei a me perguntar se realmente tinha que ser tão impiedoso para vencer. O caminho que estava trilhando era solitário e falso, e eu estava percebendo que aquele não era o lugar onde queria estar.

DESAFIANDO A NORMA

Até hoje, todas as grandes e tradicionais empresas de corretagem imobiliária comercial representam tanto os proprietários como os inquilinos nas negociações de arrendamento. Mesmo quando era um novato, essa abordagem não fazia sentido algum para mim logicamente. Eu nunca entendi como alguém poderia representar lados opostos de uma negociação. Em minha mente, isso seria como tentar representar tanto um marido quanto uma esposa em um processo de divórcio.

Como isso poderia ser do melhor interesse de ambos os clientes? Mas isso acontecia. Constantemente. Essa era a norma do jogo: conseguir ambos os lados da comissão sempre que possível.

Desde o começo, eu perguntava aos corretores seniores ao meu redor: "Como nós podemos dizer aos inquilinos que estamos conseguindo o melhor negócio possível quando, na verdade, estamos tentando conduzi-los a escolher um prédio que nos paga mais comissão e que nossa empresa representa ou quer representar?"

Eles sempre me diziam: "Não, não. Nós podemos efetivamente representar os dois lados. Você está repensando demais. É exatamente assim que o mercado funciona e como tem sido feito há anos. É tudo uma questão de maximizar as comissões. Volte ao trabalho, novato!" Então eu ia trabalhar, tentando representar ambos os lados do maior número de transações possível.

Um dia, ocorreu uma reunião memorável com a nova diretora financeira de um de nossos clientes, e tudo mudou para mim.

O negócio desse cliente estava crescendo. Eles precisavam negociar um arrendamento de cerca de nove mil metros quadrados para dar à empresa o espaço adicional de expansão de que necessitavam. Tinham acabado de contratar uma nova diretora financeira, e ela nos chamou em seu escritório para determinar se nós éramos as pessoas certas para ajudá-los a adquirir seu novo espaço.

Fiquei muito empolgado quando ela começou a fazer ao meu corretor sênior o mesmo tipo de perguntas que eu havia feito, perguntas sobre nossa representação de ambos os lados de uma transação. Ela nos perguntou como poderíamos representar efetivamente os inquilinos quando também representávamos uma parcela significativa dos proprietários da cidade que forneciam à nossa empresa a parte majoritária da nossa receita. Esperei ansiosamente que meu colega sênior desse uma resposta brilhante. Mas ele não deu. Ele não tinha uma boa resposta. Nós fomos demitidos na hora pela nova diretora financeira, perdendo abruptamente nosso cliente.

Fiquei atordoado. Eu *não era* um idiota. Minhas perguntas *não eram* idiotas. Havia algo ali!

Essa reunião agitou silenciosamente algo dentro de mim, plantando uma pequena semente de compreensão que o comportamento implacável e controverso nem sempre levava ao sucesso e que poderia haver uma maneira melhor.

Mas, mesmo com essa experiência que me fez abrir os olhos, mentir e trapacear era a norma para mim. A verdade não era relevante. A única coisa que importava era o seguinte: tudo o que precisava ser dito ou feito para conseguir um cliente e fazer um acordo para que eu pudesse ser pago, era o que eu fazia. Ponto final. Mentir tornou-se tão normal que eu esquecia que estava mentindo. Eu estava apenas fazendo meu trabalho "sendo um corretor", como todos os outros fazem. Fiquei entorpecido em relação às minhas ações e interiorizei os sentimentos de culpa.

Como o velho Joe havia dito, eu precisava ser implacável para vencer, e me tornei o mais cruel de todos eles. Em meu primeiro ano, descobri como mentir, trapacear e me tornei o Novato do Ano. Eu fui um sucesso. Meus pais estavam orgulhosos, não tendo ideia do que eu estava fazendo para ser bem-sucedido. Eu estava finalmente ganhando dinheiro, e minha carreira estava finalmente começando a decolar.

CAPÍTULO 5

PRESO NO LOUCO MERCADO DA CORRETAGEM IMOBILIÁRIA COMERCIAL

Pensei que seria apropriado opinar nesse momento, rapidamente, sobre os profissionais do setor imobiliário comercial para que você, como leitor, não fique com a impressão de que todos eles são um bando de inescrupulosos. Eles não são e, na verdade, muitos deles se sentem aprisionados, como eu já me senti.

Eu adoro o setor imobiliário comercial e adoro muitos dos profissionais que atuam nele. É um dos setores mais legais do mundo. Como corretor, não há limite para seu potencial de ganhos; você recebe puro feedback do mercado baseado no fato de ser contratado ou de poder fechar grandes negócios para seus clientes, e o mercado está cheio de indivíduos empreendedores, talentosos e motivados. Algumas das pessoas mais simpáticas e sinceras que já conheci são corretores, e muitas delas eu considero amigos para a vida inteira.

Assim como em outros setores que são igualmente cruéis e implacáveis, o problema não é quem faz parte deles. Acredito que a maioria das pessoas como eu entra em mercados como o da corretagem imobiliária comercial porque querem ter sucesso e buscam realmente ajudar as pessoas. O problema é o sistema, e uma vez que as pessoas entram nele, elas experimentam e realmente acreditam que a única maneira de chegar à frente é se comportar de forma impiedosa. Elas se adaptam e se ajustam e, com o tempo, tornam-se indivíduos terríveis e predatórios.

Pense na pressão — ambiente cem por cento comissionado, um número finito de empresas no mercado para representar e compensação zero, a menos que você conquiste e feche um negócio. Acrescente a isso o fato de que as empresas fornecem abundantes elogios e reconhecimento para aqueles que se tornam "os maiores produtores". A pressão para ter uma boa performance faz com que as pessoas se comportem de maneiras muito diferentes de como se comportariam em outras circunstâncias. Ao longo do tempo, assim como o proverbial sapo cozinhando lentamente na panela, à medida que a temperatura aumenta lentamente, os corretores se ajustam lentamente e, antes que se deem conta, pessoas bem-intencionadas se transformaram em tubarões cruéis. Quando isso acontece, seu estilo de vida já se ajustou à renda a que está acostumado e você se sente aprisionado, tal como aconteceu comigo. Esses profissionais adoram o sucesso, o dinheiro e a liberdade vindos com o trabalho de corretor, mas odeiam a cultura de comportamento hipercompetitivo, de cada um por si. Como eu, eles simplesmente não veem uma saída.

Acho que muitos de vocês podem estar lendo isso agora mesmo pensando: "Ei, Jonathan está falando de mim! O mercado onde atuo é implacável exatamente como ele está descrevendo." O problema é que bem poucas pessoas em negócios cruéis fazem algo proativo para mudar essa cultura. Bem, ninguém até agora, e é por isso que estou escrevendo este livro e convidando você a aprender como ter sucesso *sem* precisar se comportar de um jeito diferente da sua essência.

Existe uma maneira melhor de agir.

Acredito que podemos ajudar milhares de corretores e outros profissionais a se "libertar" e encontrar uma maneira mais saudável e feliz de vencer na vida. Portanto, continue lendo. Acompanhe-me em minha jornada um pouco mais adiante e eu abrirei a porta para trazer sucesso através do serviço à sua própria empresa e setor — seja lá qual for.

CAPÍTULO 6

UMA MUDANÇA DIRECIONAL

Alguns dos leitores deste livro talvez ainda não estivessem em atividade profissional durante o colapso do mercado americano que se seguiu aos ataques de 11 de setembro. Deixe-me dizer que aquilo foi brutal. Ainda me lembro como se fosse ontem. Acordei para fazer telefonemas e enviar e-mails, e liguei minha TV. Assisti paralisado quando a primeira torre caiu e depois dirigi até o trabalho onde encontrei todos da empresa de pé ao redor da TV, assistindo à segunda torre cair. Na época, eu não me dei conta do grande efeito que isso teria em minha carreira, mas com certeza teve.

Antes daquela época, o *boom* das empresas pontocom estava a todo vapor, e as pessoas investiam sem critério algum em startups de todos os tipos, particularmente em empresas digitais. Até então, eu me tornara um especialista imobiliário comercial com foco em empresas de tecnologia e *praticamente* todos os meus clientes eram empresas emergentes desse setor. Quando a crise das pontocom ocorreu no início dos anos 2000, mais de 95 por cento das startups digitais foram à falência, fazendo com que eu perdesse quase todos os meus clientes.

Então, quando aconteceu o 11 de setembro, tudo mudou. Esse foi o primeiro grande ataque terrorista em solo americano, e criou tanta incerteza e medo no mercado em geral que o setor imobiliário como um todo praticamente parou. Para se ter uma ideia de como foi dramático, no ano seguinte aos atentados em Nova York, a quantidade de atividade imobiliária no mercado do Arizona caiu em noventa por cento, e os dez por cento restantes da atividade foram muito menos lucrativos. Muitos corretores se aposentaram, tiraram períodos sabáticos ou simplesmente mudaram de ramo. Muitos dos meus amigos que eram muito inteligentes perderam tudo e tiveram que recomeçar do zero.

UM MOMENTO DE REAVALIAÇÃO

Meus negócios, como os de muitos corretores, evaporaram da noite para o dia; isso levou a uma bancarrota muito humilhante, a qual eu nunca pensei que teria que passar. Eu estava novamente falido e aprendi da maneira mais difícil a valiosa lição da diversificação de clientes e de setores. Mais uma vez, eu estava precisando de ajuda.

Não ter clientes em um mercado morto me deu a oportunidade única de reavaliar minha situação naquele momento. Após participar de entrevistas de emprego em várias empresas, decidi deixar a Grubb & Ellis para correr riscos e me juntar a uma pequena e nova empresa imobiliária comercial em Phoenix. Eu estava cansado de trabalhar para uma grande companhia e nessa nova empresa eu tinha a esperança de, eventualmente, me tornar um dos sócios e construir algum valor a longo prazo para mim mesmo em vez de ser apenas um corretor em uma empresa tradicional. Lá, comecei o doloroso processo de reconstruir lentamente a minha lista de clientes.

Após alguns anos, o mercado lentamente começou a melhorar e uma rede nacional de empresas independentes se aproximou de nós e pediu a nossa pequena empresa local para se tornar seu escritório afiliado em Phoenix.

UM NOVO MODELO

Logo depois, participei de uma conferência do setor em Miami. Enquanto olhava os tópicos dos workshops, vi um sobre networking e me interessei.

O líder do workshop comentou sobre uma maneira diferente de fazer negócios que era intrigante. Ele falou sobre um modelo focado em ajudar os outros primeiro, traçando uma estratégia sobre a qual eu não tinha ouvido falar antes. Ele explicou a ideia de desenvolver relações de referência de longo prazo e plantar sementes através dos serviços que acabariam produzindo premiações no futuro. Fiquei fascinado.

Quando o palestrante terminou sua fala, todos se levantaram e saíram do recinto, mas eu permaneci fixo em minha cadeira. Eu estava fascinado. Por que foi a primeira vez que ouvi falar dessa abordagem e por que não havia mais líderes empresariais implementando-a? Quando ele estava arrumando suas coisas, me aproximei e perguntei: "Tudo isso parece ótimo, mas será que realmente funciona? E se sim, como eu realmente faço acontecer?"

Ele disse que funcionava sim, mas que era preciso uma execução cuidadosa e uma visão de longo prazo, razão pela qual pouquíssimos profissionais o fizeram. Ele descreveu isso como a diferença entre plantar árvores e caçar. "Se você planta árvores e as rega, elas levam anos para crescer, mas uma vez que você faz isso, você terá mais frutos do que jamais poderia comer. Por outro lado, se preferir caçar, você pode conseguir algo imediatamente, mas terá que se levantar todos os dias e fazer tudo de novo. Esta estratégia que acabo de descrever, Jonathan, é sobre a construção de uma rede de pessoas que querem lhe ajudar porque você passou muito tempo ajudando-as."

Minha cabeça entrou em parafuso. Eu nunca tinha ouvido nada parecido. As palavras dele me soavam vagamente familiares, ecoando os modos como meus pais haviam me criado, mas não fazia sentido. Por que meus pais estavam falidos e aquele sujeito era tão bem-sucedido se ambos procuravam ajudar os outros? Eu estava cético e intrigado e precisava aprender mais. Se eu pudesse realmente criar o mesmo ou ter um melhor nível de sucesso sem precisar ser o canalha terrível que eu me tornara, eu precisava aprender como.

Perguntei se havia mais alguém com quem eu pudesse falar sobre isso e ele me deu o nome de um outro indivíduo que estava fazendo uma versão do que ele descreveu. Antes de sair, ele reiterou muito claramente que essa era uma estratégia de longo prazo e que fazer isso não seria fácil. Mas que, no final, sua opinião era que o lado positivo dessa estratégia valia a pena.

E foi isso. Eu tinha que encontrar esse outro homem e descobrir se essa nova maneira de fazer negócios poderia realmente funcionar.

CAPÍTULO 7

O SURGIMENTO DE UM REBELDE

Localizei o homem com quem o palestrante me disse para entrar em contato, que se mostrou um indivíduo muito atencioso e com uma mente muito orientada a servir. Ele foi gentil o suficiente para me deixar segui-lo por meio dia enquanto eu o enchia de perguntas. As coisas que ele compartilhou comigo eram bem simples e básicas. Foram as mesmas coisas que meus pais haviam me ensinado ao crescer, o que me confundiu e intrigou ao mesmo tempo. Ele tinha acabado de descobrir como ganhar dinheiro fazendo isso. Eu fiquei perplexo. Percebi que ele era realmente um rebelde, e eu queria ser um rebelde como ele.

Ele me entregou uma cópia de *Never eat alone* [Nunca coma sozinho], de Keith Ferrazzi, um livro que ele disse ser o melhor que já leu sobre o assunto.

O GUIA PARA QUEBRAR (DE NOVO)

— Este é o seu guia — disse ele. — Certifique-se de lê-lo de cabo a rabo. Há mais aqui do que você poderia conseguir em uma única reunião com alguém.

Eu lhe perguntei por que, se esta estratégia de ajudar os outros gerava tal sucesso para o doador, não havia mais empresários fazendo isso? Sua resposta espelhava o que o líder do workshop me havia dito. Ele falou: "Jonathan, a razão pela qual ninguém faz isso é porque leva muito tempo, e você tem que ir contra a corrente e a cultura do setor em que você está. As pessoas não querem ser diferentes. Elas querem se encaixar. Se você implementar essa estratégia, levará anos para gerar sucesso e a maioria das pessoas não quer fazer isso. Elas querem recompensação instantânea e o caminho mais curto para o sucesso, mas o que elas não percebem é que estão sacrificando o sucesso sustentável a longo prazo para o ganho a curto prazo."

Permaneci em silêncio tomando notas e processando aquelas novas informações.

— Para fazer isso, Jonathan, você precisa recomeçar do zero — disse ele. — Financeiramente, será como voltar a ser um principiante por pelo menos quatro anos, talvez cinco, antes de começar a ganhar qualquer tipo de dinheiro palpável novamente e isso se você trabalhar incessantemente nisso. Você estará literalmente começando de novo.

Ele continuou a se certificar de que eu entendesse o quanto isto seria difícil.

— As pessoas o criticarão e questionarão, e será frustrante e difícil. Mas se você continuar e não desistir, você eventualmente começará a colher os benefícios.

Tomei fôlego, olhei-o nos olhos e disse:

— Já estive quebrado muitas vezes em minha vida e não tenho medo de quebrar novamente. Se isso é realmente possível, quero fazê-lo porque estou farto e cansado desse setor impiedoso e de como sinto que devo agir para ter sucesso. Eu seguirei o plano como você o apresentou. Não desistirei e farei com que ele dê certo no Arizona.

Ele olhou para mim e acenou conscientemente com o ar de alguém que havia ouvido palavras semelhantes antes. Acho que ele não percebeu, na época, o quão sério eu estava falando.

MOTIVADO A MUDAR DE RUMO

No avião de volta ao Arizona, as palavras dele continuaram ressoando na minha cabeça. Será que eu, um garoto missionário que se tornou um implacável corretor de Phoenix, Arizona, poderia realmente fazer aquilo e ter sucesso? Será que eu tinha o que era necessário? Poderia eu fazer isso no Arizona trabalhando com imóveis comerciais sem me tornar um sem-teto?

Coloquei no papel tudo o que pude lembrar da reunião. Minhas tentativas de dormir naquela noite foram impossíveis. Senti-me diferente, empolgado, motivado... e assustado.

Essa filosofia era muito diferente da que eu havia sido treinado para reproduzir. Ela era, em muitos aspectos, o extremo oposto de tudo o que eu havia feito no setor imobiliário comercial até o momento. Em vez de vender e fazer chamadas frias, eu deveria agora me envolver na comunidade e ver quantas pessoas eu poderia ajudar... Parecia uma loucura, mas lá no fundo havia uma percepção silenciosa de que era isso o que eu estava procurando. Percebi que se eu pudesse gerar sucesso dessa nova maneira, nunca mais teria que ser o "velho eu".

Percebi também que agora eu precisava passar pelo doloroso processo de desaprender a maior parte dos maus hábitos que havia acumulado para ter sucesso por meio dessa nova estratégia. Por mais assustado que estivesse, eu estava à altura da tarefa, e parti para me reinventar.

CAPÍTULO 8

CONECTANDO-SE ATRAVÉS DA AJUDA

Eu li o incrível livro de Keith Ferrazzi, *Never eat alone*, de cabo a rabo — duas vezes — e comecei a seguir o caminho traçado para mim. Entendi que tudo sobre meu antigo plano de negócios — atuar nos dois lados da negociação, fazer tudo que fosse possível para conseguir o que queria, convencer as pessoas a fechar negócios que não eram bons para elas, construir um muro de proteção ao meu redor — deveria ser jogado fora. Tive que abandonar o modelo tradicional de venda na corretagem de imóveis comerciais que trata as empresas como alvos, perseguindo-as incessantemente até que sucumbam à pressão e finalmente concordem em nos contratar.

O conselho que me foi dado foi um presente que agora compartilho com você. Ele dizia que a melhor maneira de fazer conexões que levam a negócios é esta: *ajudar as pessoas com o que quer que elas precisem.*

Essa maneira simples de estabelecer relações duradouras e sustentáveis com os clientes mudou completamente a maneira como eu pensava. Meus olhos estavam agora abertos para um novo mundo de oportunidades e eu estava empolgado.

COMEÇANDO DE BAIXO... DE NOVO

Eu não tinha conexões ou contatos comerciais de alto nível quando comecei. Ao contrário de outros que cresceram em *country clubs* e foram para escolas preparatórias de elite com outras crianças ricas, eu não tinha ninguém. Não tinha amigos ricos ou com boas conexões, colegas de equipe ou companheiros de clube a quem recorrer. No início, olhei para isso como uma desvantagem, mas com o passar do tempo essa falta de conexões acabou se revelando uma vantagem. Tive a oportunidade de criar novas primeiras impressões com as pessoas no mercado.

Em vez de procurar empresas e tentar constantemente vender o meu serviço, eu me envolvi na comunidade com foco em ajudar a todos que eu podia. Determinei que nunca mais me afastaria de nenhuma interação significativa com alguém sem encontrar três ou mais maneiras significativas de ajudá-lo.

Esse era um território novo para mim.

Marquei milhares de cafés, almoços, drinks e jantares. Reuni-me com pessoas e escutei suas histórias. Passei inúmeras horas com organizações comerciais lucrativas e as sem fins lucrativos para ajudar a levantar dinheiro, aumentar o número de membros e elevar seu perfil dentro de suas respectivas comunidades.

Outra escolha que fiz foi focar em identificar e atender pessoas que tiveram mais sucesso do que eu, aquelas que já eram bem conectadas na comunidade empresarial. Ao servi-las, eu continuava ouvindo falar do poder da perseverança. Muitas pessoas bem-sucedidas me disseram que a chave para o sucesso delas não era inteligência ou talento, mas seu hábito de nunca desistir. "É tudo uma questão de mindset", diziam eles. "Persistência, levantar-se de manhã, fazer as pequenas coisas e fazê-las incessantemente até que estejam feitas." Aprendi que as pessoas verdadeiramente bem-sucedidas nunca dizem: "Eu poderia." Elas sempre dizem: "Eu vou ou não vou. Sem área cinzenta." As pessoas sem sucesso dizem: "Acho que vou tentar" sobre qualquer ideia, e então elas seguem por aí, não se prendendo a nada.

A conclusão era clara: precisava trabalhar mais do que qualquer outra pessoa e nunca desistir.

O aproveitamento da experiência alheia foi inestimável. Cada reunião era uma dádiva. Pude desenvolver uma forte rede de empresários e amigos, que incluía uma série de novos contatos entre os gigantes do ramo. Hoje, esse é um dos meus maiores ativos, e eles estão prontos para serem seus também, apresentados como estratégias simples para você seguir nos próximos capítulos.

CAPÍTULO 9

O TRABALHO QUE LEVOU AO EQUILÍBRIO

Fui incansável em meus esforços. Manhã, tarde e noite, empenhei-me no plano com o qual tinha me comprometido. Tal como previsto, o trabalho não se refletia em minha conta bancária. Os anos se passaram e quase todos perderam a fé no sistema que eu havia adotado. Eles perderam a fé em mim.

As perguntas que contrariavam meu compromisso de serviço altruísta vieram de todos os lados. "O que você está fazendo, Jonathan?", perguntavam eles. "Você está se endividando. Você está com problemas financeiros. Essa sua nova ideia, seja ela qual for, não é boa para você ou para seu negócio."

Eu negava com a cabeça e continuava. Mesmo nos dias em que me sentia frustrado, mesmo nos dias em que queria concordar com eles, dizia: "Vou tentar um pouco mais." Às vezes, para ser sincero, nem eu sabia por que continuava.

Muitos empresários inteligentes e bem-sucedidos continuaram a zombar de mim quando eu lhes falava sobre a minha visão. Eles diziam o quanto eu era irrealista. "O mundo realmente não funciona assim, Jonathan", diziam eles. "Você está em um setor individualista. Você precisa jogar o jogo. Você é ingênuo e idealista. Você precisa voltar à realidade."

"Se você não proteger a si mesmo, ninguém mais o fará", diziam os outros. "Seria melhor se você se concentrasse nas vendas e na obtenção de receitas em vez de sair por aí tentando ajudar os outros a ter sucesso o tempo todo."

Muitas pessoas disseram que eu estava sendo irresponsável. Até minha esposa na época questionava abertamente como eu poderia trabalhar tanto e ainda não ter o sucesso que eu costumava ter e que meus colegas estavam experimentando. Nunca passava tempo vendendo, mas sim fazendo um monte de coisas para outros que pareciam trabalhos sem fins lucrativos ou serviços comunitários. Com o passar do tempo e sem que muitas receitas pessoais chegassem, isso começou a parecer cada vez mais uma estratégia muito falha.

QUEM DIZ NÃO O TEMPO TODO RARAMENTE ESTÁ CERTO

Honestamente, eu não censuro meus críticos. Na superfície, eles certamente pareciam estar corretos e genuinamente preocupados. Em retrospectiva, não sei como consegui sobreviver e continuar seguindo o plano com toda a negatividade e crítica que enfrentei. Mas me recusei a desistir porque, no fundo, sentia que iria funcionar... eventualmente.

A todo momento, eu lembrava a mim mesmo de que a maioria das pessoas desiste quando está à beira do sucesso. Eu podia sentir que o que eu estava construindo iria ser recompensado a longo prazo, portanto, os contratempos não importavam. Eu coloquei na minha cabeça que não seria uma das pessoas que desistiam. Eu ia ser um daqueles caras que conseguiam e eu ia seguir por meio do altruísmo. No meu pior momento, eu me olhei no espelho e me comprometi comigo mesmo. Determinei que continuaria seguindo em frente e que faria isso funcionar — ou morreria tentando. Eu ia provar que eles estavam errados. Sim, eu tinha dúvidas e muitas preocupações também, mas eu as pus de lado, abaixei minha cabeça e trabalhei mais duro do que nunca.

Quando criança, memorizei um poema que me veio à mente muitas vezes em minha vida e durante a construção de nosso extraordinário negócio guiado por uma missão:

NÃO PODERIA SER FEITO

POR EDGAR ALBERT GUEST

Alguém disse que isso não poderia ser feito
Mas ele com um risinho respondeu
Que "talvez não pudesse", mas ele seria um
Que não o diria até ter tentado.
Então ele esboçou um sorriso
Em seu rosto. Se ele estava preocupado, escondeu.
Ele começou a cantar enquanto se dedicava ao
Que não poderia ser feito, e ele o fez!
Alguém escarneceu: "Ah, você nunca fará isso;
Pelo menos ninguém jamais o fez."
Mas ele tirou seu casaco e seu chapéu
E a primeira coisa que soubemos foi que ele tinha começado.
Com uma elevação de seu queixo e um pouco de sorriso,
Sem nenhuma dúvida, nem sinal de desistência,
Ele começou a cantar enquanto se dedicava ao
Que não poderia ser feito, e ele o fez.
Há milhares para lhe dizer que isso não pode ser feito,
Há milhares para profetizar o fracasso,
Há milhares para lhe apontar um a um,
Os perigos que esperam para atacá-lo.
Mas é só esboçar um sorriso,
Basta tirar seu casaco e correr atrás;
Comece a cantar à medida que você enfrenta o
Que "não pode ser feito", e você o fará.

POETRY FOUNDATION

CAPÍTULO 10

UM LIVRO E UM COACH

Ler *Never eat alone* me deu as diretrizes para criar uma rede de contatos baseada no serviço. Mas eu sabia que tinha muito mais a aprender, por isso aprofundei-me lendo à noite e ouvindo livros enquanto dirigia.

Como um leitor voraz desde a infância, eu tinha lido pilhas de conteúdo de autoajuda, vendas, riqueza e empoderamento pessoal ao longo dos anos. Aprendi muito com minha leitura, mas grande parte dela sempre me pareceu um pouco estranha, embora, na época, eu não conseguisse entender o porquê.

UM LIVRO PODE LEVAR A MAIS

Um dia, um amigo meu da comunidade empresarial recomendou-me que eu lesse *17 lies that are holding you back and the truth that will set you free* [17 mentiras que estão te atrapalhando e a verdade que vai te libertar], de Steve Chandler. Eu tinha lido muitos livros e pensei que este fosse apenas mais um deles.

Eu estava errado. Este livro era diferente.

No livro, Steve expõe 17 mentiras comuns que acreditamos sobre nós mesmos e que nos impedem de ser tudo aquilo de que somos capazes. Ao lê-lo, percebi que eu mesmo acreditava em muitas das mentiras. Percebi que parte do porquê de estar demorando tanto para criar sucesso com esse novo modelo de serviço era que eu tinha a cabeça repleta de falsas crenças e autoconfiança negativa. De repente, percebi que estava criando inadvertidamente barreiras ao meu próprio sucesso em minha própria mente. Isso me abalou até o meu âmago. Ao ler, compreendi que já tinha todo o poder necessário para me libertar dessas crenças autolimitantes e transformar minha vida por meio de uma maneira diferente de *ser*. Eu simplesmente não sabia como fazê-lo!

Página após página, capítulo após capítulo, não consegui largar o livro de Steve, terminando de lê-lo em uma noite. A mensagem me impulsionou. Queria relê-lo imediatamente, recomeçando na página um. Estava empolgado, cheio de adrenalina. Não havia como eu conseguir dormir. Abri meu e-mail e imediatamente escrevi uma mensagem para o autor. Nunca havia escrito a um autor antes, mas estava tão compelido por seu livro que precisava entrar em contato com ele.

"Esse é exatamente o tipo de coisa que eu estive procurando", escrevi. "Sinto como se tivesse esperado a vida toda por este livro!" Eu sabia que aquele cara realmente entendia. Eu queria mais. O livro terminou, mas eu precisava saber como pegar essas novas descobertas e colocá-las em prática. Eu tinha muito mais a aprender.

"Eu quero que você seja o meu coach", escrevi, sentindo-me ousado mesmo quando escrevi as palavras. Descobri com uma pesquisa on-line bem superficial que Steve era um famoso autor e coach de vida de sucesso. Eu tinha vislumbrado sua genialidade e senti que era com ele que eu precisava trabalhar para me ajudar a mudar meu pensamento de medo e escassez para abundância. Eu sabia que ainda havia uma longa e difícil jornada pela frente e tinha certeza de que não poderia fazer isso sozinho.

Humilhar-me para pedir ajuda não foi fácil. Até esse momento da minha vida, eu nunca havia contratado um coach ou conselheiro antes. Estava tão concentrado em salvaguardar a percepção de ter tudo sob controle que contratar alguém para me dizer o que fazer não era uma opção. Como meus amigos sabiam, eu não gostava de conselhos, mesmo quando eram dados *de graça*! Mas procurar ajuda foi uma das melhores decisões que já tomei.

Eu conferi ansiosamente meu e-mail várias vezes ao longo dos dias subsequentes, esperando pelo retorno de Steve. Quando a resposta dele finalmente surgiu, eu a abri com entusiasmo. Foi curta e decepcionante, afirmando que infelizmente, ele não estava mais atuando como coach, mas disse que faria uma palestra perto da minha cidade na semana seguinte e me convidou a comparecer. Fiquei desapontado, mas me recusei a aceitar sua resposta. Senti que ele tinha a capacidade de me ajudar a transformar meu pensamento e eu queria sua ajuda, e eu não ia desistir tão facilmente. Estava decidido a trabalhar com Steve.

Aceitei seu convite para participar da palestra, determinado a me aproximar dele e a convencê-lo a me orientar depois que ele terminasse sua apresentação. Participei do seminário, enquanto agarrava uma cópia do livro dele como se fosse meu brinquedo de infância favorito. Foi uma emoção que eu nunca havia experimentado antes.

O discurso dele foi impressionante. Ele descreveu a diferença entre um mindset de dono e um uma mentalidade de vítima, e eu percebi que eu era a definição perfeita de vítima, e que constantemente procurava desculpas ou razões alheias a mim para o porquê de as coisas darem errado em minha vida. Vi que toda a minha infelicidade e dor vinham de crenças sobre mim mesmo e sobre o mundo externo. Eu vi uma possibilidade de um futuro diferente se eu mudasse meu mindset.

Depois do discurso, fiquei completamente empolgado. Suas palavras tinham aumentado ainda mais meu desejo de trabalhar com ele. Fiquei mais um tempo após a apresentação, esperando que a fila para falar com ele acabasse para que eu pudesse ter minha chance. Finalmente, estávamos apenas Steve e eu.

Ao me aproximar dele, eu disse com um nervosismo mal contido: "Olá, eu sou Jonathan Keyser. Escrevi um e-mail há alguns dias perguntando se você poderia ser meu coach."

Steve assentiu a cabeça. "Prazer em conhecê-lo! Estou tão feliz que você tenha conseguido vir aqui hoje, mas como lhe disse, eu simplesmente não faço mais isso. Sinto muito."

"Sr. Chandler", eu disse, falando rapidamente para que ele não tivesse a chance de me cortar, "eu prometo que se você me aceitar, serei cem por cento treinável. Absorverei como uma esponja tudo o que você me oferecer, e colocarei todos os ensinamentos em ação imediatamente". Continuei: "Veja, sr. Chandler, percebi, lendo seu livro e ouvindo sua palestra, que continuo pensando que as respostas aos meus problemas estão *fora* de mim. Você é a primeira pessoa que conheço que explicou que preciso mudar por *dentro* de uma maneira que eu pudesse entender. Estou tentando ter sucesso no setor imobiliário comercial apenas tentando ajudar outras pessoas e percebo, após ler seu livro, que minhas crenças e meu mindset estão completamente errados. Você tem algo que eu quero; poderia por favor reconsiderar e se tornar meu coach?"

Steve suspirou e olhou ao redor da sala. Depois olhou de volta para mim. Havia uma luz em seus olhos. Como você poderia dizer não a um apelo tão sincero? Para a minha felicidade ele relutantemente concordou em me orientar por um ano, com a condição de que se eu não seguisse suas instruções em todos os momentos e não cumprisse nosso acordo, ele iria embora na mesma hora.

Nem preciso dizer que fiquei empolgado!

TREINÁVEL E PRESENTE

O treinamento de Steve Chandler durante o ano seguinte foi transformador em muitos aspectos. Ele me ensinou tantas coisas que eu não havia aprendido antes sobre o poder da mente e do pensamento, a importância de ter uma imagem mental clara do que se queria criar na vida e viver isso. Senti-me como se estivesse novamente na escola primária aprendendo aritmética básica. Eu lhe perguntei muitas vezes durante nosso treinamento, "Por que eu nunca aprendi isso? É tudo tão simples e direto. Como é que nunca me ensinaram isso antes?"

Ele me ensinou sobre o poder de estar totalmente presente, sobre pensar realmente grande. Ele me ensinou a não me preocupar com o que os outros pensavam (em vez de fingir não se preocupar com o que os outros pensavam), e a ser ousado e pedir exatamente o que eu queria da vida. Mais importante ainda, ele me ensinou a acreditar firmemente em minha própria capacidade de criar o que eu quisesse em minha própria vida. Foi um treinamento inestimável, e construiu a base para o que estava por vir. Eu progredi muito no ano em que trabalhei com Steve. Mal sabia eu na época que trabalhar com Steve era apenas o começo da minha jornada.

CAPÍTULO 11

ATRAVÉS DE LENTES VERDES

"Verde", eu disse, ainda pensando que este era algum tipo de truque.

"Então", o supercoach Steve Hardison continuou, "se você estiver usando óculos com lentes verdes, não importa onde você olhe, você verá verde. O problema é que você não percebe que está usando óculos, então você não sabe que o mundo na verdade não é verde, mas uma miríade de cores diferentes que você nem sabe que existem. Minha promessa a você, Jonathan, é que se você trabalhar comigo, não só o ajudarei a tirar esses óculos para ver o mundo como ele realmente é, mas o apresentarei a *você mesmo* pela primeira vez."

Steve Hardison tinha me entendido completamente em nossa primeira reunião. Na minha viagem de volta para casa, comecei a surtar, tremendo com tanta força que mal conseguia dirigir. Eu não podia acreditar no que tinha acabado de acontecer. Senti-me exposto e desconfortável. Nunca ninguém tinha chegado até mim daquela maneira antes. Nunca.

Steve Chandler tinha me dito após alguns anos de treinamento que não trabalharia mais comigo — ele falou que eu havia sido um ótimo aluno, mas que ele tinha me ensinado tudo o que podia. Eu fiquei bem chateado. Eu ainda não estava pronto. Eu tinha muito mais a aprender! Ele me disse que sentia que eu estava pronto para trabalhar com Steve Hardison, um supercoach sobre o qual eu havia ouvido falar muitas vezes em nossas sessões de treinamento e nos livros de Steve, mas que eu nunca havia conhecido de fato.

"Steve é o cara com quem você quer trabalhar", disse Steve. "Isso é, se você ainda levar isso a sério. Se você quiser realmente levar sua transformação para o próximo nível."

Embora eu nunca o tivesse conhecido, ouvi dizer que Steve Hardison era uma das pessoas mais honestas, intuitivas, amorosas e intensas que você poderia conhecer. As pessoas descreviam seus primeiros encontros com ele como incríveis, porém aterrorizantes. Dizem que não é possível esconder nada dele, e que ele consegue ver a essência das pessoas. Portanto, como você pode adivinhar, eu estava extremamente nervoso, apesar da forte vontade de conhecê-lo. Tive medo de que ele me olhasse e visse a pessoa normal que eu era — tão indigna de trabalhar com um supercoach dos principais líderes empresariais. Nutrido pela ansiedade sobre a experiência potencialmente inquietante de me encontrar com ele, procrastinei mês após mês e encontrei infinitas razões para não o contatar.

O ENCONTRO COM HARDISON

Alguns meses depois, após algumas semanas de trabalho particularmente frustrantes, reuni a coragem necessária para ligar para Steve e dizer-lhe que estava pronto para entrar em contato com Steve Hardison, e pedi que ele nos apresentasse.

Quando chegou o dia do encontro com Steve Hardison, eu me senti nervoso e tenso enquanto dirigia para a casa dele; eu não tinha ideia do que diria quando chegasse lá. Acabei me perdendo no caminho e cheguei quarenta minutos atrasado, o que aumentou o meu estresse, pois ouvi dizer que ele era inflexível sobre as pessoas serem pontuais. Eu liguei e, com uma voz tímida, avisei-o que iria me atrasar. Ele foi muito gentil e caloroso em sua resposta e me garantiu que não havia problema. Em seguida, ele me ajudou a encontrar o caminho para sua casa.

Finalmente cheguei a sua casa em Mesa, no Arizona — que era significativamente mais modesta do que a mansão ao estilo Beverly Hills que eu esperava — e bati suavemente em sua porta da frente. Depois de alguns segundos, a porta se abriu. Dei uma olhada nele e mal podia acreditar que o homem que estava diante de mim era realmente Steve Hardison. Eu o havia imaginado como um homem gigante musculoso, mas em vez disso fui saudado por um homem alto com um corpo normal, voz suave, óculos e um sorriso grande e caloroso. Ele não parecia ser o tipo de pessoa que o pressionava contra a parede e o forçava a mudar toda sua vida.

Sua esposa, Amy, foi doce e gentil, trazendo-me chá e conversando comigo como se fosse uma tarde comum. Os dois não foram nada intimidadores, mas muito amáveis e gentis. Comecei a relaxar, e Steve me convidou para me juntar a ele em seu escritório.

E foi aí que tudo mudou.

UM MUNDO DIFERENTE

Entramos no escritório de Hardison, que era como uma minicasa luxuosa e bem decorada, anexa à casa dele, e ele fechou a porta.

Sem qualquer aviso, diante dos meus olhos, surgiu uma pessoa completamente nova! Steve Hardison começou a falar e, de repente, a pessoa mais intensa, porém amorosa, sentou-se diante de mim. Eu nunca havia estado na presença de alguém assim em minha vida. Senti como se estivesse nu naquele local, pela maneira como ele falava e pelo que ele dizia. Senti como se ele pudesse ver o meu verdadeiro eu, por dentro da minha pele, até mesmo do meu coração.

Sentado no sofá do escritório de Steve Hardison naquela tarde, senti-me vulnerável e desprotegido, como se todos os meus medos, inseguranças e falhas estivessem à mostra. Pela primeira vez, senti a terrível sensação de estar completamente exposto e incapaz de fugir. Eu me espremi na cadeira onde estava e desejei poder fugir.

Não consigo me lembrar de tudo o que aconteceu durante a reunião, apenas do sentimento geral de que eu estava sendo desmontado e colocado sobre a mesa para minha própria visualização. Foi uma das reuniões mais inquietantes da minha vida. A reunião durou três horas e meia, mas pareceu-me três vidas inteiras.

Saí de seu escritório aos tropeços, entrei no meu carro e dirigi para longe tentando processar tudo aquilo. Eu não podia acreditar no que tinha acabado de me acontecer. Havia passado tanto tempo da minha vida escondendo quem eu realmente era. Eu nunca encontrei alguém que conseguisse me enxergar desse jeito antes. Nunca.

HORA DE TIRAR OS ÓCULOS

Na época, depois que ele me deu os óculos de lentes verdes metafóricos para enxergar além deles — pensei: "Uau, que coisa manipuladora e brilhante de se dizer. Esse cara é um vendedor!" Mas, no fundo, eu sabia que era mais do que isso. Aquele não era um argumento de venda. Por mais difícil que fosse entender, era a simples verdade — os óculos de lentes verdes precisavam ser retirados.

CAPÍTULO 12

RECONHECENDO A VERDADE

À medida que o desconforto de meu encontro inicial com Steve Hardison foi desaparecendo lentamente, comecei a perceber que eu queria o que acreditava que ele poderia me ensinar mais do que temia o desconforto e a vulnerabilidade de trabalhar com ele.

O modelo de serviço do qual eu havia sido pioneiro estava finalmente começando a render negócios para mim, à medida que as pessoas começavam a indicar novos clientes. Foi fantástico. Eu não precisava vender; eu não precisava montar uma apresentação em PowerPoint. Eu só atendia o telefone, e um amigo por quem eu havia feito algo antes dizia: "Ei, Jonathan, muito obrigado por ter me ajudado com as conexões que você me proporcionou alguns anos atrás. Isso foi muito gentil e atencioso. Uma pergunta: você estaria interessado em ajudar minha empresa com as necessidades imobiliárias dela? Precisamos de novos escritórios, e agradeço tanto tudo o que você fez por mim que adoraria retribuir o favor, contratando-o para nos representar. Você estaria interessado?"

VENDO A MUDANÇA

Foi incrível que depois de tantos anos de dificuldades, eu estivesse finalmente começando a ver os resultados de meus atos de serviço na comunidade. Dito isso, ainda me sentia incrivelmente vazio por dentro, como se ainda não entendesse uma grande parte do enigma da vida sobre como criar uma vida extraordinária, feliz e bem-sucedida. Vi tantos empresários de sucesso ao meu redor com vidas pessoais miseráveis, usando álcool, drogas ou hobbies para inibir seus sentimentos internos de vazio e infelicidade.

Eu me sentia como se estivesse aprendendo por camadas. Como se eu estivesse descascando a cebola, vendo cada vez mais coisas para melhorar minha vida, mas que ainda faltavam algumas peças muito importantes. *Never eat alone* havia me ensinado a construir relacionamentos e uma nova maneira de fazer negócios através do serviço. Steve Chandler havia lançado uma base incrível, ensinando-me sobre o mindset e o poder da mente. O que ainda me faltava era saber *como* transformar minha mente de verdade.

Engoli meu medo, liguei para o Hardison e, felizmente, ele concordou em me aceitar como cliente. Enquanto trabalhava com ele, meu medo e desconforto foram desaparecendo, e comecei a ter um vislumbre do que ainda me impedia de ser realmente bem-sucedido nesta nova abordagem de serviço à vida e aos negócios. Embora eu estivesse executando fielmente meu plano de negócios, servindo às outras pessoas dia após dia, isso não me trazia a alegria ou a realização que eu desejava. Apesar de finalmente estar ganhando algum dinheiro com meus esforços, não estava nem perto de chegar ao nível mais alto da minha carreira, e eu não conseguia entender o porquê. Meus intermináveis atos de serviço aos outros estavam na verdade me exaurindo, e com a ajuda de Hardison, eu estava começando a entender o motivo!

FALSO ALTRUÍSMO

O que comecei a ver cada vez mais claramente enquanto trabalhava com Hardison era que o problema não estava nas minhas ações, mas sim nas minhas motivações. Fiquei surpreso ao descobrir que, apesar de meus anos de serviço aos outros na comunidade, na verdade eu não estava operando o serviço do fundo do coração — como eu havia pensado. Minhas "boas ações" na verdade vinham de motivações egoístas.

Por meio do serviço, eu estava involuntariamente promovendo *a mim mesmo*, registrando na minha mente quem eu estava ajudando e esperando que eles retribuíssem, e me imaginando como alguém altruísta na comunidade para me fazer parecer um cara legal em vez de apenas ajudá-los. Percebi que estava usando atos de serviço de forma manipuladora, como uma técnica de vendas, em vez de ser uma vontade verdadeira de querer ajudar os outros. A parte louca é que eu estava completamente inconsciente disso até que Hardison me ajudou a enxergar isso. Foi uma compreensão muito sóbria.

Perceber a maneira errada como eu estava agindo foi uma verdade difícil de engolir. Eu havia mentido para mim mesmo por tanto tempo que realmente pensava que tinha desenvolvido um serviço feito com o coração. Mas quando finalmente encarei a realidade, vi que minhas motivações tinham sido exatamente o oposto do que eu pensava que eram.

NOVA VISÃO

Finalmente pude me ver como eu realmente era: inautêntico, manipulador e inerentemente egoísta. A partir daquele momento, decidi me lançar cem por cento a uma vida a serviço dos outros. Não mais contabilizaria quem eu havia ajudado, esperando que a ação voltasse para mim. Eu simplesmente esqueceria e serviria a todos com puro amor ao serviço, confiando que o universo, em algum momento, me recompensaria na forma de sucesso.

Senti uma nova felicidade surgindo dentro de mim que eu nunca havia sentido antes. Não estava mais vivendo uma mentira. Havia tirado os óculos. Não enxergava mais tudo verde!

Eu tive uma nova capacidade de empatizar e compreender os sentimentos das pessoas após essa descoberta de uma forma que eu nunca havia feito antes. Passei a ter uma nova apreciação por meus filhos, por minha família, por minha infância e pelas dificuldades que enfrentamos por tantos anos, e por meus pais. Pude ver com novos olhos e estava cheio de uma profunda admiração e apreço pelo mundo e por tudo que havia nele. Eu senti um profundo amor por todas as pessoas, algo que certamente nunca havia experimentado de maneira completa antes. Finalmente compreendi o que meus pais tinham seguido durante tantos anos. Finalmente pude ver com clareza.

Também comecei a perceber que Hardison estava me preparando para algo muito maior do que eu jamais havia imaginado. Durante uma de nossas sessões, ele olhou para mim e disse, "E se você tivesse sua própria empresa? E se você tivesse até mesmo apenas quatro ou cinco pessoas que acreditassem no que você estava fazendo? Como isso seria?"

Fiquei atordoado. "Isso é impossível!", eu disse. "Onde vou encontrar cinco pessoas que queiram trabalhar desta maneira? Duvido de mim mesmo na metade das vezes."

Ele apenas sorriu e repetiu: "E se…?"

CAPÍTULO 13

O VERDADEIRO EU

Não mais cego pela ambição egoísta, tomei a decisão de servir, servir e continuar servindo — sem me preocupar com o que receberia em troca. Eu queria servir aos outros apenas pela alegria e honra que ajudar de forma altruísta os outros me daria, e as consequências foram profundas.

Passei a ter conversas autênticas com as pessoas, e a prestar atenção ao que elas diziam, diferente do que fazia antes. Até aquele momento, não percebia que estava tão ocupado pensando em mim mesmo, que não as ouvia. Comecei a notar que a visão que as outras pessoas tinham de mim e as interações comigo melhoraram significativamente. Comecei a valorizar cada indivíduo e a me comprometer com o sucesso de cada um deles — desta vez para seu próprio bem, não para o meu.

Foi a partir daí que meu sucesso realmente começou a decolar. A estagnação terminou, e minha agenda de contatos aumentou rapidamente. As pessoas que eu servi de modo altruísta continuaram a mostrar seu apreço fazendo recomendações, e essas recomendações se transformavam em cada vez mais clientes.

UM NOVO SONHO

Finalmente eu estava tendo um sucesso financeiro significativo através do modelo de serviço, mas agora eu tinha um problema diferente. Tornou-se cada vez mais óbvio que a maneira como eu estava fazendo negócios era simplesmente muito disruptiva para a empresa imobiliária comercial para a qual eu estava então trabalhando. Como passei de um empregado medíocre a um dos melhores do escritório, havia uma desconexão muito clara entre o método de fazer negócios de minha equipe e o *modus operandi* tradicional dos outros que trabalhavam ao meu redor.

A cada dia ficava mais evidente que minha nova maneira de obter clientes e de servi-los se beneficiaria verdadeiramente de ter uma vida própria. Eu precisava da capacidade de escalar para fora das limitações de uma empresa tradicional.

As palavras de Hardison não paravam de ressoar em meus ouvidos. Eu me perguntava que resultados poderiam ser obtidos se uma empresa inteira adotasse tal forma de fazer negócios. A esta altura, eu havia recebido tantas referências de pessoas que eu havia servido ao longo dos anos que pensei se isto poderia ser efetivamente escalado, duplicado e ensinado com sucesso aos outros.

E se uma empresa inteira fosse construída com base no serviço altruísta? Seria esse um sonho realizável? Esse pensamento me pareceu um pouco intimidante. Eu já havia passado por poucas e boas para conseguir criar esse novo modelo de negócio para mim e para minha pequena equipe. Seria possível realizar o mesmo feito com uma empresa inteira de pessoas dedicadas e comprometidas com este modelo? Seria possível criar uma corretora imobiliária comercial cujo princípio fundamental era amar e ajudar os outros?

Esses pareciam pensamentos loucos, mas a questão permanecia dentro de mim. E eu pensei sobre isso por meses a fio.

Um dia, decidi fazer uma viagem a Sedona, no Arizona. Cedo naquela primeira manhã, enquanto me sentava em uma banheira de hidromassagem, olhando com admiração as majestosas montanhas com uma leve nevasca caindo sobre minha cabeça, acalmei minha mente para poder relaxar e meditar. Enquanto pensava nas palavras de Hardison, veio o seguinte pensamento: "Estou pensando *muito* pequeno!" Este modelo de negócio com o qual me deparei e fui pioneiro no setor imobiliário comercial no Arizona tinha o potencial de ser maior e muito mais poderoso do que eu compreendia até então. Vi uma oportunidade de mudar todo o setor imobiliário, provando que não era preciso ser cruel para ter sucesso.

De repente reconheci que todos os acontecimentos da minha vida inteira, todas as experiências dolorosas, tinham me preparado perfeitamente para este momento. Decidi, naquele momento, colocar minhas inseguranças e medos de lado e corajosamente fundar minha própria empresa com o sonho de reimaginar e reinventar o setor de corretagem imobiliária comercial por meio de um serviço altruísta. Minha cabeça entrou em parafuso com essa nova consciência e senti uma poderosa onda de ousadia. Conseguia ver claramente o que eu precisava fazer. Finalmente!

CRIANDO UMA CULTURA

Após pegar meu tablet de uma cadeira próxima à banheira, criei um novo documento e comecei a anotar todas as coisas que odiava sobre o setor imobiliário comercial. Colocando tudo aquilo para fora, escrevi então todas as coisas que eu desejava que fossem verdadeiras na cultura organizacional das corretoras imobiliárias.

Essa lista de desejos tornou-se a base sobre a qual nossa equipe fundadora na Keyser construiu nossos 15 Princípios Operacionais Fundamentais. Tendo uma folha em branco para trabalhar, ousamos imaginar uma realidade que contemplaria toda a realidade de uma cultura utópica de uma empresa imobiliária comercial.

Pedi demissão e me propus a criar uma empresa que se tornaria o modelo de serviço altruísta nos negócios. Dois membros da minha antiga empresa e meu assistente decidiram se juntar a mim para fundar essa nova firma, e três dos filhos de Hardison também se juntaram a mim.

Contratamos uma agência de branding profissional para nos ajudar a aprimorar nossa mensagem; passamos horas e horas em cafeterias pensando sobre os princípios operacionais que estavam em desenvolvimento. Discutimos, debatemos e finalmente chegamos a 15 Princípios Operacionais Fundamentais que todos nós sentimos que representava bem a cultura que queríamos criar.

CONSTRUINDO NOSSA EMPRESA

Eu mesmo financiei a empresa com as economias que acumulei ao longo de alguns anos de sucesso. Por mais engraçado que isso pareça, eu havia planejado que, no início, todos nós conduziríamos os negócios a partir de uma cafeteria porque eu precisava preservar o capital e não tinha certeza de que poderia sustentar um escritório. Felizmente, uma firma de arquitetura da qual éramos amigos tinha um espaço extra e, generosamente, nos deixaram usá-lo até que tivéssemos condições de arcar com nosso próprio escritório.

Passamos horas colocando nosso coração e alma no logotipo da empresa, nas mensagens e no site, determinados a garantir que a cultura que procurávamos criar fosse refletida em nossos materiais de divulgação. Não nos importávamos se outras empresas zombassem de nós por conta de nossa mensagem de amor e serviço no setor imobiliário comercial. Na verdade, decidimos que usaríamos essa mensagem como uma medalha de honra porque isso significava que estávamos efetivamente comunicando o quão diferentes éramos de fato.

O LANÇAMENTO

Finalmente, a Keyser abriu oficialmente suas portas em 2 de janeiro de 2013, com sete membros fundadores: Darius, Ian, Blake, Clint, Rae e Lindsey, que foram as primeiras almas corajosas a assumir o risco, além de mim. Esse foi um momento extraordinariamente divertido. Nós éramos uma equipe muito unida. Trabalhávamos loucamente, ríamos juntos, brincávamos juntos e nos comprometemos a apenas nos divertir e aproveitar a jornada em que estávamos. Sabíamos que algumas pessoas nos achariam tolos e não nos importávamos. Nós tínhamos uma visão para o futuro, e ninguém iria nos parar ou nos desencorajar de nosso objetivo.

Uma das coisas mais surpreendentes quando lançamos a empresa foi que eu pensava que oitenta por cento das pessoas não iria entender o que estávamos fazendo e simplesmente nos enxergaria como loucos. Como eu já disse, não nos importávamos com isso. Não nos propusemos agradar todo mundo. Queríamos agradar aqueles que desejavam fazer negócios de maneira diferente, com alguém em quem confiassem, que tivesse integridade e que fizesse o que lhes parecia certo em todos os momentos.

Na verdade, vimos que era justamente o contrário. Tínhamos sido tão ousados e destemidos em afirmar claramente nossa missão de transformar o setor imobiliário comercial que a maioria das pessoas nos abraçou, nos apoiou e se esforçou ao máximo para tentar nos ajudar a ter sucesso. Essa foi uma das partes mais inesperadas e surpreendentes da implementação da missão de nossa empresa. Várias pessoas surgiam do nada me contando coisas como:

"Já não era sem tempo! Sempre nos perguntamos quando você fundaria sua própria empresa."

"Jonathan, eu sempre soube que você tinha isso dentro de si! Estou orgulhoso de você."

A cada vez que isso acontecia, eu me sentia envergonhado e surpreso porque nunca soube que tinha essa força dentro de mim ou pensei que fosse algo possível. Mas ao decidir dar esse passo ousado, a comunidade se mobilizou em torno de nós, e nosso crescimento e sucesso tem sido nada menos do que inacreditável desde então. O negócio foi lançado, e o crescimento e a recepção imediata que recebemos confirmaram nossa sensação de que esse modelo de negócios disruptivo ia definitivamente preencher um grande vácuo em nosso setor. Tivemos um grande começo.

O QUE O SERVIÇO ALTRUÍSTA GEROU

A Keyser rapidamente se tornou a maior corretora de imóveis comerciais no estado do Arizona e uma das que mais crescem nos Estados Unidos. Estamos lançando escritórios em todo o país e servindo a milhares de clientes, ajudando-os com suas necessidades imobiliárias no mundo inteiro. Iniciamos uma empresa de consultoria de capital humano, ajudando outras organizações a treinar seus funcionários para operar com seu potencial máximo. Também acabamos de lançar o Keyser Institute para treinar e certificar indivíduos e organizações para criar culturas que reproduzam a *Keyser Experience* em suas próprias empresas. Nós chamamos isso de *The Keyser Way.*

Hoje, a missão da Keyser se expandiu além do setor imobiliário comercial. Nosso propósito é mudar o mundo dos negócios por meio de um serviço altruísta. Nossa estratégia é demonstrar que você pode ter um sucesso extraordinário ao ajudar outros a serem bem-sucedidos. Construímos um modelo para ser intencionalmente fácil de ser replicado por outros, e já vimos outras organizações em todo o mundo implementando essa estratégia para si mesmas.

Então, como construímos uma empresa com base no princípio do serviço altruísta e como você pode construir ou reinventar sua própria organização em torno dos mesmos princípios?

Siga para a Parte Dois e continue lendo!

PARTE DOIS

CRIANDO A KEYSER EXPERIENCE PARA SI MESMO

Um Mestre na arte de viver não faz distinção
clara entre seu trabalho e sua diversão,
seu trabalho e seu lazer,
sua mente e seu corpo,
sua educação e sua recreação,
seu amor e sua religião.
Ele mal sabe qual é qual.
Ele simplesmente persegue a própria visão de excelência
através do que quer que esteja fazendo,
deixando outros determinarem
se ele está trabalhando ou se divertindo.
Para si mesmo, ele parece estar sempre fazendo as duas coisas.

— LAWRENCE PEARSALL JACKS

A história da minha jornada na Parte Um serve a vários objetivos. Para mim, ela me trouxe até este ponto em minha vida, aqui e agora, o que me permite compartilhar minhas dificuldades e sucessos. Para você, ela lhe deu a oportunidade de ver o mundo e um setor autodestrutivo através dos olhos de alguém que acredita que não precisa ser assim. Para todos aqueles que querem mudar a cultura dos negócios, minha história fornece um ponto de partida para a mudança de vários setores ao redor do mundo para melhor.

Há momentos na vida em que pensamos: "Teria sido bem mais fácil se eu tivesse aprendido isso antes." Sei disso porque já senti a mesma coisa. Mas, sem nossas experiências, tanto as boas quanto as ruins, teríamos perdido o presente dado pela jornada. O presente que minha jornada me deu foi a oportunidade de compartilhar com prazer a poderosa diferença que o serviço altruísta pode fazer em sua vida e em seus negócios, como fez na minha.

O objetivo da Parte Um era que você, leitor, entendesse minha trajetória nessa nova maneira de fazer negócios e tivesse uma "visão dos bastidores" para entender por si mesmo como alguém realmente conseguiu sucesso para si e para os outros utilizando tal filosofia.

Agora, avançando para a Parte Dois, vamos nos aprofundar nas especificidades dos Três Níveis de Reinvenção que usamos na criação da *Keyser Experience* que utilizamos hoje. Ao compartilhar esse processo com você, você será capaz de criar, ou talvez, no seu caso, recriar, um modelo de negócios com o qual você poderá alcançar sucesso e ter uma extraordinária *Keyser Experience* enquanto o faz. Não apenas utilizamos esse processo de três etapas na Keyser, mas também treinamos executivos em todo o mundo para reinventarem a si mesmos e suas organizações usando esses três passos.

Meu objetivo na Parte Dois do livro é reunir tudo o que aprendi nos capítulos seguintes para lhe dar tudo o que você precisa saber para criar uma "Experiência Keyser" em sua própria organização. Os Três Níveis de Reinvenção são um processo de reformulação de dentro para fora, que eu acredito ser a única maneira eficaz de realmente alcançar o sucesso através do serviço. Os três níveis são:

- Reinventar a ***si mesmo por meio de um serviço altruísta***.
  "Seja a mudança que você deseja ver no mundo."
  — MAHATMA GANDHI

- Reinventar a ***cultura de sua empresa por meio de um serviço altruísta***.
  "Uma estrela quer ver a si mesma chegar ao topo. Um líder quer ver aqueles ao seu redor chegarem ao topo."
  — SIMON SINEK

- Reinventar sua abordagem com ***seus clientes e colaboradores*** — por meio de um serviço altruísta. Os colaboradores, para nós, incluem fornecedores, influenciadores, sócios, investidores e a comunidade empresarial como um todo.
  "Aquele que deseja garantir o bem dos outros já garantiu o seu próprio."
  — CONFÚCIO

Embora aparentemente simples, o processo de transformação em três níveis da Keyser é profundo em sua aplicação. É, de fato, uma reinvenção de dentro para fora, concentrando-se na transformação de si mesmo, da cultura de sua organização e de como você interage com seus clientes e parceiros. Sem todos esses três elementos, sua transformação será incompleta e seu sucesso na adoção dessa metodologia será, na melhor das hipóteses, limitado. A reinvenção em torno de cada um desses três elementos é a chave para a implantação com êxito da *Keyser Experience* na sua empresa.

Ao longo da Parte Dois, você também encontrará o símbolo da Keyser colocado nas margens internas de vários parágrafos. No site do livro, eu criei um espaço com informações exclusivas para você. Esse símbolo indica recursos e materiais adicionais disponíveis para você sobre o tópico específico em www.ruthlessbook.com/vault [conteúdo em inglês e mediante registro]; eles estão reunidos lá para ajudá-lo em sua jornada.

Então, como se gera transformação usando esse processo de três níveis? Como mencionado na Parte Um, fundamos a Keyser com base em 15 Princípios Operacionais Fundamentais que são a espinha dorsal de tudo o que fazemos. Nos capítulos seguintes, discutirei por que cada um deles é importante, descreverei como colocamos esses Princípios em prática e darei exemplos muito específicos do mundo real. Assim como os três níveis, esses 15 Princípios Operacionais Fundamentais parecem aparentemente simples, mas juntos formam uma cultura de serviço que pode impulsionar um sucesso extraordinário em qualquer organização. Ao longo da Parte Dois, você terá o benefício de conhecer os testes e erros da minha equipe, e as lições e dicas que descobrimos em nossa jornada para que você possa aprender com nossos sucessos e evitar nossos erros.

O e-book dos 15 Princípios Operacionais Fundamentais da Keyser está disponível para você em: www.ruthlessbook.com/vault.

Leia com atenção e faça destaques no texto sem medo. Recomendo ler as seções duas vezes quando encontrar informações que se comuniquem diretamente com você e com seu desejo de ser o melhor em seu setor. Reflita sobre o conteúdo, implemente cada estratégia e tática e permita que cada uma tenha um impacto. A simplicidade desses Princípios é o que os torna tão profundos, pois cada um deles se baseia no valor fundamental de ser genuinamente altruísta em cada ação e interação.

Dentro de cada um dos 15 Princípios, destacaremos cada um dos três níveis para que você possa ver como cada um deles incorpora o processo de três níveis dentro deles mesmos. Ao final, acredito que você começará a ver como cada um desses 15 Princípios se complementam para gerar uma cultura e uma experiência que não fica atrás de nenhuma outra.

Os 15 Princípios Operacionais Fundamentais são os valores de fundação sobre os quais a Keyser foi criada. Eles abrangem minha jornada, reunindo as lições que meus pais me ensinaram sobre serviço altruísta, minha paixão por aproximar as pessoas e o entendimento de que servir aos outros sem expectativa de retorno traz consigo mais riqueza do que nós, como cultura, conseguimos entender.

Eu também apresento recomendações adicionais de livros no final de cada seção, se você quiser se aprofundar em qualquer um dos tópicos abordados. Eu apenas recomendo títulos que eu gosto e que particularmente considerei bastante úteis para mim em minha jornada. Não deixe de lê-los!

A lista de livros de Jonathan está disponível em: www.ruthlessbook.com/vault.

Vamos começar!

PRINCÍPIO 1

SIRVA AOS OUTROS DE FORMA ALTRUÍSTA

"Nós SERVIMOS nossos clientes, parceiros e uns aos outros de forma plena, altruísta e completa, e só nos envolvemos em projetos, atividades e discussões que podem realmente agregar valor a outro indivíduo. Nós somos conhecidos por uma palavra — SERVIÇO — e vivemos a afirmação: 'Não se trata de mim'."

VOCÊ

O serviço altruísta é nosso primeiro e mais importante Princípio. É o preceito que permeia todos os outros, mas é também o mais necessário no nível fundamental. Tornar-se altruísta começa ao preocupar-se com o bem-estar dos outros, sem consideração pelo ganho pessoal.

É uma mudança de mindset no âmago de seu ser que o motiva para a autodescoberta. Sem internalizar um genuíno estado de autodescoberta — a um grau de profundidade que deixa de lado toda expectativa de ganho pessoal ou retorno — esse Princípio, e todos aqueles que o seguem, irão fracassar.

A jornada que compartilhei sobre minha vida explica como cheguei a compreender e acreditar verdadeiramente no valor do altruísmo, tanto por dentro quanto por fora, em todas as capacidades da vida e dos relacionamentos. Como você conseguirá isso será diferente de como os outros conseguirão porque trata-se de sua própria jornada pessoal. Você pode ter semelhanças em sua história com o que eu experimentei, mas também pode ser que você nunca tenha chegado perto do caminho de enganos e mentiras que eu percorri. A questão é: onde você se encontra agora, e se estiver sendo sincero, você vive sua vida para servir aos outros ou está vivendo para si mesmo? Se você reconhece que existem elementos de ambos (como a maioria das pessoas), você quer fazer uma mudança para se tornar mais altruísta? Em minha experiência, seu "desejo" individual precisa ser forte o bastante para motivar a mudança para o altruísmo.

DANDO O PRIMEIRO PASSO

Como a maioria das coisas que parecem simples, o processo de reinvenção para se tornar altruísta leva tempo, comprometimento e determinação, e é uma jornada para toda a vida. Isso significa priorizar o altruísmo dentro de sua rotina diária.

Para dar esse primeiro passo, estabeleça um objetivo inicial de servir uma pessoa por dia, sem egoísmo. Pode não parecer muito, mas confie em mim quando lhe digo que não vai ser fácil. Não estou falando para ir muito longe. Basta escolher alguém com quem você já precisa interagir, seja um cliente, sócio ou colega, e pensar realmente no que eles podem precisar em suas vidas. Sinta-se livre para fazer perguntas a eles para ver o que você pode descobrir. Assim que encontrar a oportunidade certa para ajudá-los, ofereça-se para agir; ou, melhor ainda, simplesmente aja com confiança, sabendo que você está servindo alguém totalmente por altruísmo e bondade. Você ficará surpreso com o quanto esse ato de serviço é poderoso, tanto para você quanto para o próximo.

Uma vez que você tenha feito um ato de serviço altruísta por dia, comece a aumentar a aposta. Faça até duas boas ações por dia, depois três e, finalmente, um mínimo de um ato altruísta para cada pessoa com quem você interage. Trata-se de um mindset intrínseco a cada interação de "Como posso ajudar esta pessoa de modo altruísta?" em vez de "O que posso conseguir desta pessoa?".

Você pode achar difícil encaixar esses objetivos em sua agenda repleta de compromissos. Eu entendo. No início, também senti dificuldade. O que fiz foi decidir que minha prioridade principal deveria ser a de servir a alguém em primeiro lugar todos os dias antes de fazer qualquer outra coisa por mim ou pelo meu negócio. Isso acabou evoluindo para tentar encontrar maneiras de ajudar de forma altruísta todos com quem eu interagia.

Hoje, não preciso nem pensar; é meu estado natural de interagir com as pessoas, e é isso que torna o serviço altruísta tão poderoso. Através da rotina e da disciplina, eu reajustei a mim mesmo para buscar primeiro servir aos outros em cada interação, e é exatamente esse novo estado de funcionamento automático que gerou todo o meu sucesso.

Ao começar a estabelecer seus próprios objetivos, procure um ritmo que funcione melhor para você. Pense em que hora do dia você pode dar mais foco à tarefa que escolheu e mantenha-se comprometido.

Faith Rocha, que é uma de nossas melhores colaboradoras sênior no setor operacional, tem um mindset pessoal de serviço em tudo o que faz. Ela deseja profundamente estar a serviço daqueles ao seu redor e, como resultado, se tornou uma das pessoas mais confiáveis da Keyser. O serviço em suas ações pessoais gera confiança e oportunidades de carreira para si mesmo, e Faith é o exemplo perfeito disso.

CULTURA DA EMPRESA

Incorporar o serviço altruísta na cultura de sua empresa é vital para a implementação de todos os 15 Princípios e deve começar enquanto você ainda está se empenhando para se tornar altruísta. Cada ato a serviço dos outros o desafia a fazer uma mudança genuína dentro de si mesmo. Servir àqueles com quem você trabalha diariamente permite a prática do altruísmo com mais frequência e agrega um nível de confiança e de valor dentro de sua equipe.

Para que o serviço altruísta permeie a equipe por completo, cada membro também deve estar em sua própria jornada altruísta, e é por isso que contratar pessoas que já são altruístas ou que querem se tornar é tão importante. Também é fundamental para você e para cada pessoa da equipe lembrar que tornar-se altruísta é um processo contínuo. O objetivo de aprender a ser e permanecer altruísta é um esforço contínuo.

INTEGRANDO O SERVIÇO ALTRUÍSTA NO ESCRITÓRIO

Uma maneira de aplicar o serviço altruísta em seu ambiente de trabalho é começar a integrá-lo gradualmente em suas práticas e rotinas já estabelecidas. O que quer que você esteja fazendo em seu dia normal de trabalho e qualquer que seja a sua agenda de reuniões, siga com os mesmos processos. A diferença é que, em vez de abordar cada interação com outras pessoas de sua equipe com uma atitude de "O que posso ganhar com isto?", você as aborda com uma atitude de "O que posso fazer para ajudar, servir e oferecer para esta pessoa?". Essa mudança pode fazer uma diferença monumental na forma como você interage com sua equipe e como eles interagem uns com os outros. Uma estrutura de confiança e generosidade irá se formar e se fortalecer a cada dia, estabelecendo uma cultura sobre a qual sua equipe poderá prosperar.

Para ser sincero, por mais louco que isso pareça, é realmente tão simples quanto parece. Olhando de fora, você e a sua equipe aparentarão ser os mesmos. Seus horários de reunião serão os mesmos, você fará as mesmas chamadas telefônicas e passará o mesmo tempo escrevendo e-mails todos os dias. A diferença é que seu foco estará em como você pode oferecer, em vez do que pode receber.

Traga esse mindset e espírito de serviço para cada interação que tiver. Você aprenderá rapidamente que é possível conseguir muito mais do que você imagina. Quando paramos de nos concentrar em nós mesmos, como eu costumava fazer, começamos a ver possibilidades ilimitadas de serviço em todos os lugares. Todas aquelas oportunidades perdidas anteriormente se tornam bem óbvias.

APOIE SUA EQUIPE PARA FORTALECER SUA CULTURA

Lembro-me de uma amiga minha, Denise, com quem me encontrei e com quem compartilhei essa filosofia. Ela ficou fascinada e disse que tentaria aplicá-la. Ela voltou para a empresa dela e tentou abordar cada interação que tinha, tanto dentro da companhia quanto com clientes e parceiros, partindo do princípio de servir aos outros de forma altruísta. Mais tarde, ela me disse que era difícil no início porque estava muito acostumada a pensar sobre suas próprias necessidades nas interações, mas ela deixou esses pensamentos de lado e se esforçou muito em cada conversa para encontrar pelo menos uma coisa que pudesse fazer para ajudar a pessoa com quem estava falando.

Ela me ligou alguns meses depois, entusiasmada.

— Jonathan! — exclamou ela.

— Sim? — respondi, muito interessado no que estava por trás de sua empolgação.

— Esse serviço altruísta é mágico — continuou ela. — Quando me encontrei com você pela primeira vez, eu tinha bem poucos amigos no trabalho, não estava atingindo meus objetivos e minha última avaliação tinha sido mediana. Desde a implementação de sua abordagem, sinto que todos na empresa me adoram. Acabei de superar minha meta de vendas trimestral e fui promovida a um cargo que eu nunca teria pensado ser possível há alguns meses. Não consigo acreditar que foi tão simples quanto tentar ajudar a todos com quem eu interajo.

É mesmo simples assim. Simples, porém profundo, e requer intencionalidade, diligência e comprometimento.

OPTANDO POR UMA GRANDE MUDANÇA

Alguns podem decidir, assim como fez minha amiga Denise, a fazer tudo de uma vez e a começar a servir de modo altruísta a todos com quem costumam interagir. Outros podem seguir a abordagem de "um ato de serviço por dia" para começar. Como você leu na Parte Um, sendo ousado e louco, eu particularmente me entreguei por completo desde o início porque queria trilhar o caminho mais curto para o sucesso. Lembre-se, e isso não é um eufemismo, que fazer uma grande mudança como essa não é uma tarefa pequena, nem fácil. Leve-a no ritmo que melhor lhe convier e certifique-se de não esperar resultados imediatos. Eles podem aparecer logo no início, como aconteceu com Denise, mas, com o serviço altruísta, você está agindo com foco no longo prazo. É fundamental garantir que a mudança seja consistente, significativa e, é claro, genuína.

CLIENTES E COLABORADORES

O fato é que ninguém quer mais que qualquer coisa lhe seja "vendida", e ninguém quer ouvir outra pessoa apontando quão magnífica ela é e quão expressivas são todas as suas conquistas do passado. Se você estiver em uma reunião com um colega e alguém começar a se vangloriar desse jeito, basta redirecionar a conversa.

A "venda" não deve ser definida por esse tipo de autopromoção irritante, ineficiente e altamente ineficaz. Isso é uma loucura e é parte da razão pela qual os negócios não são divertidos para tantas pessoas. O foco no serviço é muito mais agradável — e tão lucrativo quanto.

As pessoas frequentemente perguntam se o serviço significa doar para cada causa para a qual se pede colaboração. Minha resposta mais imediata é: claro que não! O serviço não é definido por meio de doação de dinheiro, embora possa incluir isso. Muitas vezes me pedem para doar para várias causas e, embora eu adore ser generoso, também tenho o cuidado de esclarecer para as pessoas que "serviço" não significa que eu tenha que doar a todas as causas que me pedem. Na verdade, o serviço, como definido neste livro, não tem nada a ver com dinheiro. O verdadeiro serviço não requer recursos monetários significativos. Isto não é o Natal e eu não sou o Papai Noel.

Serviço na Keyser significa fazer coisas para os outros que agregam valor a suas vidas, seja pessoalmente ou em nível de negócios. Pode incluir dinheiro, mas há muitas outras maneiras de ajudar as pessoas também. Darei exemplos ao longo deste livro de algumas dessas diferentes maneiras, usando histórias de pessoas reais que servem aos outros.

RECOMPENSA EXPONENCIAL

Quanto mais você serve, mais reputação por servir você ganha. É assim que o número de clientes aumenta. Sua publicidade se torna, basicamente, feita por meio de recomendações boca a boca de parceiros e clientes agradecidos e satisfeitos. Isso traz mais clientes, mais negócios e mais dinheiro.

Lembre-se, em todas as suas reuniões, que "nem tudo diz respeito a você". Quanto menos você se concentrar em si mesmo, melhores serão seus relacionamentos. Tenha interesse pela realidade da outra pessoa e concentre-se no que é melhor para ela.

Quando entrei no ramo imobiliário comercial, me disseram que a chamada fria era um uso excelente e muito produtivo do tempo. Agora eu discordo totalmente disso, para dizer o mínimo. Vejo que uma hora dedicada estrategicamente a ajudar alguém é muito mais produtiva do que cem horas de chamadas frias.

Recentemente conversei sobre esse assunto com uma pessoa influente do mercado. Melissa disse: "Jonathan, é interessante você dizer isso [mudar o foco para os outros], porque eu fiz exatamente isso em uma reunião recentemente. Eu estava tentando encontrar alguém para usar meus serviços. Eu olhei para o quadro branco dele e vi uma lista de empresas que ele adoraria ter como clientes listados lá. Então eu perguntei a ele, 'Como posso ajudar com isso? Posso apresentar alguém para você?'. Discutimos como eu poderia ajudá-lo. No dia seguinte, havia sete apresentações de potenciais clientes não solicitadas na minha caixa de entrada enviadas por ele para *mim*."

— É exatamente assim que funciona! — disse a ela.

Na Keyser, fazemos isso todos os dias, o dia inteiro, em todos os lugares aonde vamos. Você pode imaginar o número de apoiadores que ganhamos quando as pessoas sabem que estamos lá para servi-los?

TORNANDO-SE CONHECIDO POR SERVIR

O mesmo pode ser verdade para você. As pessoas que você serve se tornam seus defensores e não há limite para o número de pessoas que você pode ajudar. Elas se tornam seus evangelistas na comunidade empresarial, dizendo aos outros o quanto você é orientado para o serviço. Esse é o melhor tipo de publicidade possível. Isso elimina qualquer necessidade de se provar ou de impressionar as pessoas. Você pode simplesmente surgir e servir, e isso leva a mais oportunidades de serviço e a mais recomendações. As pessoas *se lembram* de quando foram servidas de forma altruísta.

Todos em nossa comunidade, desde clientes a colaboradores e outros empresários, conhecem a Keyser como uma organização prontamente disponível para ajudar. Por exemplo, frequentemente recebemos solicitações de conexões de pessoas que procuram trabalho. Não pedimos uma taxa ou qualquer outra coisa em troca. Nós apenas ajudamos as pessoas, usando nossas conexões para isso. Ao longo dos anos, já auxiliamos centenas, talvez milhares, de pessoas a encontrar trabalho. Como resultado, muitas delas nos encaminharam posteriormente quando suas empresas tinham necessidades imobiliárias. Não fizemos isso para conseguir fechar negócios com elas. Fizemos isso para ajudá-las, mas muitas vezes isso acaba gerando negócios para nós.

Tiveram pessoas que nos procuraram para conseguir mais conexões na comunidade. Outros entraram em contato conosco em busca de expandir seus negócios. Descobrimos os tipos de empresas que eles querem servir e ajudamos a fazer essas apresentações.

Não faz muito tempo, um dos fundadores da Keyser, que vive o Princípio 1 tão bem quanto qualquer pessoa da empresa, Ian Davie, recebeu um e-mail de um de seus contatos com uma lista de seus principais clientes para que ele adicionasse à sua própria lista de contatos.

Ian ficou tão surpreso que pegou o telefone e ligou para esse homem para agradecer. Quando ele perguntou o que tinha provocado isso, ele o lembrou que Ian tinha feito algumas conexões muito importantes para ele cerca de cinco anos antes, e uma delas tinha se tornado seu maior cliente. Ian não havia pedido nem esperado nada em troca quando ele apresentou essas pessoas uma para a outra. Enviar a lista para Ian era a forma de seu contato dizer obrigado.

Em cada interação, escute e concentre-se em como você pode ajudar de uma forma que seja significativa e benéfica, sem pedir nada em troca.

As oportunidades que se abrem ao servir são ilimitadas. Você verá que não precisará de uma força de vendas. Em vez disso, as pessoas virão até *você*, trazendo consigo mais indicações e reuniões do que você já esperava.

Para inspirar-se para iniciar sua jornada de serviço altruísta, veja os membros da Keyser falarem sobre a experiência deles aplicando o serviço altruísta no trabalho em: www.ruthlessbook.com/vault.

Vamos começar a servir.

PONTOS PRINCIPAIS

1. Assuma o compromisso de compreender, interiorizar e integrar diariamente em sua vida um autêntico serviço altruísta.
2. Dê o próximo passo para ampliar e incorporar o mindset de serviço altruísta entre os membros de sua equipe.
3. Desenvolva confiança dentro da cultura de sua empresa para que cada pessoa se sinta apoiada e seja ousada o bastante para aplicar o Princípio 1 entre si e com os clientes e colaboradores.

4. Comece servindo de forma altruísta pelo menos uma pessoa por dia e procure servir em cada interação com outra pessoa.
5. Forme estrategicamente uma rede fundada em um serviço altruísta.
6. Em vez de abordar cada interação com uma atitude de "O que posso ganhar com isso?", prefira uma atitude de "O que posso fazer para ajudar, servir e oferecer a esta pessoa?"
7. Interaja, em todos os níveis, com o mindset de "Eu quero descobrir como posso ajudá-lo de uma forma que seja significativa e benéfica para você sem pedir nada em troca".

LIVROS PARA FOMENTAR O CRESCIMENTO

Never eat alone, de Keith Ferrazzi
Este é o livro que usei como guia para criar conexões verdadeiramente significativas que levam a recomendações. O autor, que agora se tornou meu amigo, fornece muitos exemplos práticos sobre como criar relacionamentos verdadeiros, significativos e de longo prazo.

***Give and take* [Dar e receber]**, de Adam Grant
Este é o melhor livro que li sobre o tema do desenvolvimento de um modelo de negócio de serviço altruísta. Ele separa as pessoas em três categorias — Tomadores, Combinadores ou Doadores — e explica por que os Doadores são, ao mesmo tempo, os mais e os menos bem-sucedidos. Este é um livro de leitura obrigatória para quem deseja criar um modelo de negócio de serviço altruísta.

PRINCÍPIO 2

TRABALHE MAIS DO QUE A CONCORRÊNCIA PARA VENCER

"Nós trabalhamos mais do que a nossa concorrência e vencemos como resultado. Nós atuamos incessante, incansável e apaixonadamente em prol de nossa causa e não nos deixamos distrair, desestimular ou desencorajar de nossa missão por QUALQUER coisa, por mais atraente que ela possa parecer."

VOCÊ

A base desse Princípio começa com o comprometimento de se tornar uma pessoa de determinação, foco e gratidão intermináveis. Há uma razão pela qual o lema da Keyser é "Defensora Incansável dos Clientes". Para ser uma pessoa incansável na busca de superar a concorrência, é preciso desejar resultados a um nível pessoal profundo e ter o comprometimento e a determinação de fazer com que isso aconteça. Eu lhe ensinarei como criar e fomentar esse comprometimento dentro de si mesmo neste capítulo.

Servir aos outros não é fácil. Se você já começou a fazer atos de serviço altruísta, você já deve estar enfrentando pensamentos como "Uau, isso é ótimo, mas quando verei resultados?". Primeiro, como discutimos no Princípio 1, pare de procurar mudanças nas ações dos outros em relação a você e concentre-se na mudança que acontece dentro de si mesmo. Siga o processo e lembre-se que é preciso tempo para fazer do serviço altruísta uma estratégia comercial de sucesso.

Muitas pessoas desistem, distraem-se ou pulam de oportunidade para oportunidade. O sucesso através do serviço leva tempo e comprometimento, e é por isso que esse Princípio é tão importante. Não desista, dedique-se incansavelmente e não se preocupe se sentir que não está dando certo. Isso tudo leva tempo. Concentre-se em fazer as coisas certas e o sucesso ocorrerá no devido tempo.

UMA ATITUDE DE GRATIDÃO

Você deve estar se perguntando por que eu começaria essa seção com gratidão. Na minha opinião, ter o poder de não desistir e de superar a concorrência dia após dia requer uma verdadeira atitude de gratidão. É preciso coragem para aguentar dia após dia sem ver resultados, portanto, uma atitude de gratidão é essencial para permanecer positivo e não sucumbir às tentações de desistir.

"Então, como faço isso?", você pode se perguntar. Bom, um passo simples a ser tomado é fazer uma lista diária das coisas que você realmente aprecia. Se você não consegue pensar em nada, se esforce para descobrir! Não importa quão ruim sua situação possa parecer — ou quantas pessoas questionem sua decisão de mudar para um modelo de negócios de serviço altruísta —, há muitas coisas pelas quais devemos ser gratos. Quanto mais você se concentrar nelas, mais do que você quer em sua vida acontecerá e mais feliz você será.

Durante os primeiros anos após ter mudado minha abordagem pessoal dos negócios para a de me concentrar em servir, eu enfrentei o desânimo. Houve muitas vezes que meu corpo sentiu vontade de desistir. Eu trabalhava muito, ficava totalmente exausto e, ainda assim, não conseguia sucesso. As noites eram especialmente desanimadoras, pois muitas vezes eu ficava deitado na cama olhando para o teto, pensando se eu estava louco.

Todas as noites, em vez de deixar o estresse me abalar, descobri que falar comigo mesmo me ajudava. "Sou grato por me sentir bem quando vou para a cama à noite. Sou grato pelas oportunidades que tenho de servir aos outros. Sou grato por todas as coisas incríveis da minha vida (e depois eu as listava em voz alta). Acredito que essa estratégia de negócios vai funcionar." Reservar esse tempo para ser grato ajudou a me manter ativo a cada dia.

DEDICAÇÃO À EXCELÊNCIA

Além da gratidão, a dedicação à excelência é a chave para o verdadeiro sucesso. A excelência é o que traz lucros e para onde a permanência no caminho certo leva. Se você faz apenas um esforço medíocre, não é difícil imaginar por que os resultados extraordinários não aparecem. Não desista antes de ter tido tempo de se tornar um *player* dominante em sua área. Com pouquíssimas exceções, todos os melhores de cada área passaram muitos anos se dedicando a uma coisa e se esforçando muito nela, fazendo coisas que outras pessoas não estão dispostas a fazer.

Malcolm Gladwell descreve isso brilhantemente em seu livro *Fora de série — Outliers*. Dez mil horas de esforço determinado para uma única causa, sem desistir, é a chave para a excelência, o que, se continuado, leva a um sucesso extraordinário em qualquer coisa que se faça. Também evita que você ganhe a reputação de alguém que não leva nada a sério. Não pule de oportunidade em oportunidade. Siga o curso, mantenha-se fiel a ele e, quanto mais sucesso você tiver, mais oportunidades naturalmente aparecerão em seu caminho.

Um amigo meu, Danny, que tem uma empresa de seguros de sucesso, gosta de dizer: "Eu nunca fui o melhor corretor de seguros. Só permaneci tempo suficiente para superar todos os outros que desistiram." Há muito a ser dito a respeito dessa filosofia.

Você pode estar se perguntando: "Como posso me motivar a trabalhar duro e não desistir quando o que faço é tedioso e eu não consigo obter o sucesso que quero?"

Primeiro, você precisa sentir um alinhamento pessoal com a missão e os valores da organização na qual você trabalha. Se não o fizer, você pode estar no ramo errado ou na empresa errada. O desalinhamento em torno da missão e dos valores me levou a deixar minha empresa anterior e fundar a Keyser, e eu nunca me arrependi. Se você não estiver alinhado ao seu negócio, seja corajoso e encontre ou crie algo que esteja alinhado a você.

A vida é muito curta para ficar em algum lugar que é incompatível com você. Como Hardison gosta de dizer: "Seja o herói e faça o que você encorajaria seus filhos a fazer se eles estivessem em sua situação."

Mas se você está em um lugar com o qual compartilha a missão e os valores, então o segredo está em criar um bom plano, ser grato diariamente e dedicar um esforço determinado e inabalável sem desistir.

CULTURA DA EMPRESA

Esse Princípio não é sobre ser um viciado em trabalho — longe disso. Como em qualquer empresa de sucesso e genuína, nossa cultura valoriza nossas famílias, férias, tempo pessoal e outros objetivos dignos, encorajando fortemente nossos funcionários a reservar muito tempo para cuidar de si próprios. Entretanto, nós valorizamos o esforço acima da média.

Um elemento que dá suporte ao Princípio 2 é o Princípio de Pareto, também conhecido como a regra 80/20. No nosso setor, por exemplo, isso significa que vinte por cento dos corretores ganham oitenta por cento das taxas geradas em qualquer mercado imobiliário comercial. Também significa que vinte por cento do esforço gasto em um determinado mercado resulta em oitenta por cento dos resultados. Portanto, investimos no esforço extra e trabalhamos incansavelmente rumo ao nosso objetivo porque entendemos que os frutos de nosso trabalho extra valerão extremamente a pena.

Nós percebemos que para cada grama de esforço adicional que exercemos sobre nossa concorrência, o retorno é exponencial. E integramos este Princípio em toda a nossa empresa, cada pessoa trabalhando como parte da equipe para fazer parcerias e colocar nosso melhor produto à frente dos nossos clientes.

DEDICAÇÃO À SUA EQUIPE

Um elemento muito importante deste Princípio é permanecer focado em nossa missão e não ser tentado pela grama mais verde em outro lugar. Não pule de empresa em empresa, de setor em setor e de carreira em carreira, buscando continuamente algo "melhor". Não se sinta tentado por promessas e histórias de outras pessoas em diferentes empresas ou carreiras. Desenvolva a perseverança: escolha seu cavalo e permaneça com ele.

Dentro de sua equipe, especialmente depois de terem construído um nível de confiança e serviço uns com os outros, haverá também uma expectativa de que cada membro seja leal ao grupo como um todo. Por simplesmente existir este nível de confiança, sua cultura será oposta ao mindset migratório que existe em quase todas as outras empresas de sua área. Você está desenvolvendo relacionamentos de longo prazo e formando sua equipe para ser o recurso mais bem-sucedido e altruísta do qual seus clientes poderiam se beneficiar. Em termos simples, relacionamentos de longo prazo equivalem a sucesso a longo prazo.

O mesmo mindset é necessário em relação à dedicação com sua equipe. Trazer constantemente novos funcionários com o último e maior grau ou certificação não garante uma melhor produtividade ou sucesso. Quando você investe em sua equipe, você está investindo no sucesso de seus funcionários, de sua cultura e de sua empresa.

Pular de oportunidade em oportunidade aleatoriamente impede que as pessoas alcancem a excelência em qualquer coisa, e empresas repletas de pessoas que pulam de "galho em galho" normalmente não se tornam organizações de excelência reconhecidas mundialmente.

CLIENTES E COLABORADORES

Na Keyser, nós atendemos nossos clientes e colaboradores externos de maneira incansável e implacável. Às vezes, isso significa ser criativo ao longo do caminho. Ryan Steele, um incrível membro da equipe Keyser, foi apresentado a um cliente em potencial cuja empresa vinha tentando há vários anos encontrar um novo local para se estabelecer. Devido aos meandros de suas necessidades, nenhuma das três corretoras com as quais eles já haviam trabalhado antes foi capaz de ajudá-los.

Quando Ryan se encontrou com o diretor financeiro da empresa, ele percebeu imediatamente que o uso dos serviços de listagem múltipla padrão era insuficiente para esse caso. Em vez disso, para encontrar a propriedade singular que a empresa queria, ele percebeu que precisava vasculhar a área onde o cliente queria se estabelecer, parte por parte, local por local, estudando mapas e registros da cidade e do território, ligando para os políticos locais e conversando com os contatos municipais. Em menos de uma semana, ele conseguiu identificar um imóvel, até então fora do mercado, que atendia a todas as necessidades do cliente.

Como Ryan ilustrou em sua determinação de fazer o que fosse necessário para resolver o problema do cliente, nós da Keyser fornecemos os níveis de serviço mais abrangentes do setor. Identificamos propriedades para clientes que outras empresas desconhecem completamente e o fazemos com tanta frequência que criamos uma ótima reputação por causa disso.

Por saberem da nossa reputação, os clientes que querem ter certeza de que seus interesses estarão protegidos nos contratos imobiliários muitas vezes nos pedem para rever seus arrendamentos. Nossa missão é garantir que os contratos de locação de nossos clientes os protejam o máximo possível e limitem significativamente sua responsabilidade. Essa é uma área que a maioria dos corretores evita porque não é uma tarefa geradora de receita, encaminhando o contrato de locação para os advogados. O problema é que os advogados estão em desvantagem porque, embora conheçam os meandros da linguagem jurídica, eles não são profissionais do ramo imobiliário e não estiveram envolvidos na negociação, portanto, há uma lacuna. Servindo com altruísmo a nossos clientes, dedicamos tempo extra para garantir que o espírito do que foi negociado seja sempre alinhado às necessidades do cliente.

Embora esse seja um excelente exemplo de trabalho incansável para um cliente durante uma transação, é importante servir de forma igualmente incansável mesmo quando não há um negócio no meio. O filho do coach Steve Hardison e membro fundador da Keyser, Blake Hardison, uma vez estava conversando com um possível cliente quando descobriu que a esposa do homem estava morrendo de uma doença rara do sangue. Blake passou os dias seguintes buscando entre seus contatos uma forma de localizar o melhor médico do estado que era especializado naquela doença.

Eventualmente, ele conseguiu encontrar alguém que conhecia o presidente de um sistema de saúde que acabou facilitando uma apresentação ao maior especialista do estado. Por causa da determinação de Blake, esse homem e sua esposa puderam conversar a respeito da doença com o melhor médico possível, uma conversa que nunca seria realizada de outra forma. Isso, por si só, trouxe paz para ambos. Esse é nosso objetivo — ser incansável em nossos esforços para servir. E, embora o objetivo de Blake não fosse o de fechar negócio, aquele homem acabou se tornando um cliente; e, é claro, ele também se tornou um amigo próximo.

O esforço que você coloca a serviço de seus clientes atuais e potenciais rapidamente criará uma reputação de alguém que vai além do desempenho de trabalho padrão em seu setor. Essa reputação não tem preço na aquisição de uma futura clientela.

DEDICAÇÃO COM RESTRIÇÕES

Permita-me parar um momento para oferecer uma *ideia que você não ouvirá de outras pessoas.* Com o desejo de colocar todo seu esforço no trabalho, há uma coisa que eu não recomendo: não se prepare demais para reuniões introdutórias com clientes em potencial.

Eu sei que isso parece loucura. "Como assim, não se preparar demais? Pensei que eu deveria estar o mais preparado possível."

Eis o que descobri: se você ainda não se encontrou com a pessoa, o excesso de preparação impedirá sua capacidade de ouvir o que a outra pessoa está dizendo. O que eles dizem pode ser muito diferente da informação oficial disponibilizada publicamente na internet. Aprendi com anos de experiência que a impressão pública de uma pessoa é muitas vezes bem diferente da pessoa real.

Portanto, sim, prepare-se para as próximas reuniões o melhor que puder, mas também chegue para a reunião com a mente aberta e clara, e concentre-se na pessoa, ouvindo-a atentamente. Isso abrirá portas para conversas surpreendentes, compreensão genuína e melhores oportunidades para atender às suas verdadeiras necessidades.

GRATIDÃO PARA COM OS OUTROS

Lembre-se, esse Princípio, junto com todos os outros que você vai ler, aponta para o conceito fundacional do altruísmo. Pense primeiro nos outros. Ao honrar esse mindset, lembre-se de demonstrar gratidão a qualquer um que lhe ajudar. Por exemplo, se alguém o apresentar a um cliente em potencial, procure agradecer essa pessoa. Envie uma mensagem rápida, um texto ou um e-mail.

Em minha experiência, uma mensagem de agradecimento vale ouro. Ela não passará despercebida. A pessoa se sentirá valorizada (em um mundo onde muitos se sentem subvalorizados) e a parte legal é que também será muito mais provável que ela queira ajudá-lo novamente no futuro.

A maioria das pessoas não está buscando uma comissão de indicação ou uma recompensa. Elas só querem se sentir valorizadas.

Escreva uma mensagem de agradecimento. Não subestime o poder da gratidão. Seja incansável e supere a concorrência... e *vença*!

PONTOS PRINCIPAIS

1. A busca incessante de superar a concorrência exige determinação e foco.
2. Tenha uma atitude de gratidão. Faça regularmente uma lista das coisas que você aprecia em sua vida. Isso o ajudará a perseverar quando vier a vontade de desistir.
3. Trabalhe para uma organização cuja missão e valores se alinham com os seus.
4. Mantenha-se concentrado na missão e não se deixe tentar pelo que pode parecer a grama mais verde.
5. Crie um bom plano e depois se esforce de modo determinado e incansável, indo além do que é esperado.
6. Se esforce para expressar apreço pelo que os outros fizeram por você. Esse gesto simples vale ouro.
7. Prepare-se para reuniões introdutórias com potenciais clientes, mas não se prepare demais. Vá com a mente aberta para ouvir e aprender de forma a responder às suas verdadeiras necessidades.

LIVROS PARA FOMENTAR O CRESCIMENTO

Os humanos subestimados, de Geoff Colvin

Este livro abrirá seus olhos, revelando que a prática incansável é o que impulsiona os resultados, não o talento ou a posição social. Sua habilidade e seu desejo aumentam com o tempo à medida que você disciplina a si mesmo para continuar praticando o que quer que deseje dominar.

O obstáculo é o caminho, de Ryan Holiday

Muitas pessoas bem-sucedidas encontram seus maiores sucessos após passarem por seus maiores desafios. Holiday nos mostra que os obstáculos são dádivas — embora dádivas um tanto incomuns. Em vez de desistir quando se sentir tentado a isso, use os obstáculos em seu caminho para levá-lo incansavelmente em direção ao seu objetivo.

PRINCÍPIO 3

TOME MEDIDAS OUSADAS, ACEITANDO OS ERROS

"Nós encorajamos a ousadia e não temos medo de cometer um erro. Nunca punimos os erros, mas os aceitamos porque temer errar torna uma pessoa tímida e a mantém distante de uma ação ousada, destemida e maciça, que é, justamente, onde o valor é criado."

VOCÊ

As pessoas que perdem seu tempo tentando, de forma ansiosa, evitar cometer erros acabam trabalhando bem abaixo de seu verdadeiro potencial. Erros — por sua própria definição — são equívocos honestos, erros de cálculo ou acidentes, e *não* irresponsabilidade contínua ou mau comportamento. Permita-se a liberdade de cometer erros sem se dar a oportunidade de se criticar duramente e diminuir o trabalho que você fez. Em vez disso, reconheça que sua tentativa fracassou, mas tenha orgulho de seu esforço e disposição para dar o melhor de si.

Tenha um mindset de tomar medidas ousadas. Para mim, o medo de estragar tudo ou de fazer algo que pareça bobagem ou tolice impede a maioria das pessoas de agir com ousadia e, assim, alcançar o verdadeiro sucesso. Pessoas de sucesso agem com coragem. Você precisa ser assim também.

Procure aprender e ver os erros pelo que eles realmente são — oportunidades de crescimento. Para reavaliar. Para fazer e ser melhor. E para mostrar que você tem coragem para fazer seu negócio prosperar. Não se torture. Somente quem age comete erros; e você quer estar em ação, e não à margem.

CULTURA DA EMPRESA

Como líder ou dono de um negócio, saiba que punir erros é uma receita para manter os funcionários em um estado de inação temerosa, tímida e improdutiva. A punição, e o medo dela, só motiva uma pessoa a esquematizar e manipular o sistema. A empresa sofre porque perde seu melhor patrimônio — funcionários confiantes e produtivos. A punição encoraja os trabalhadores a esconder seus erros quando eles ocorrem e a perder um tempo valioso tentando descobrir como evitar a punição.

Considere as afirmações feitas por Peter Gibbons a Bob Slydell no clássico filme de comédia americano *Como Enlouquecer Seu Chefe*:

> O que acontece, Bob, não é que eu seja preguiçoso; é que eu simplesmente não me importo... Eu tenho oito chefes diferentes, o que significa que quando eu cometo um erro, oito pessoas diferentes vêm me falar sobre isso... Minha única motivação real é não ser incomodado — isso e o medo de perder meu emprego. Mas você sabe, Bob, isso só vai fazer alguém trabalhar o suficiente para não ser demitido. Eu diria que toda semana eu provavelmente só trabalho de verdade por cerca de 15 minutos.

Engraçado, sem sombra de dúvidas, mas tudo isso é verdade no ambiente de negócios de hoje.

Não espere que os membros da equipe que foram punidos aprendam suas lições ou tenham um melhor desempenho no futuro. De forma alguma. O que você terá em vez disso são pessoas que se tornam mais cautelosas, paranoicas, inseguras, menos criativas e apenas minimamente produtivas.

FALHE AVANÇANDO E APRENDA COM OS ERROS

Os políticos operam sob o lema "Quando algo dá errado, alguém precisa assumir a culpa". Na Keyser, porém, temos uma filosofia diferente. Nós reconhecemos que somos todos imperfeitos, estamos todos dando o nosso melhor e quando alguém comete um erro, todos nós podemos aprender com ele. Comprometemo-nos a fazer o nosso melhor e tentamos evitar erros. Percebemos que os erros acontecem e às vezes eles têm um custo, mas eles fazem parte do jogo. Consideramos que os erros são dádivas que nos incentivam a crescer em nossa proficiência.

As empresas de sucesso aprendem com seus fracassos. Sua aceitação de pessoas que cometem erros abre espaço para que seus funcionários cresçam. Tanto as empresas quanto seus trabalhadores *falham avançando* com sucesso. A pergunta é: o que você quer para sua equipe? Considere algumas das práticas que seguimos na Keyser.

Nós escolhemos ser muito diretos uns com os outros, mas não punimos. O que dizemos é dito com amor, reconhecendo o valor inestimável de cada pessoa e estabelecendo um comprometimento com o sucesso de cada um. Essa é uma perspectiva muito diferente da média.

Também costumamos colocar pessoas mais jovens em situações que as ajudam a crescer e o resultado é que elas aprendem a agir sem medo. Quando se dá liberdade às pessoas para cometerem erros e *falharem*, elas não ficam paralisadas pelo medo. Em vez disso, eles se desafiam e seguem em frente.

A punição é vingativa e é a maneira mais ineficaz de liderar uma equipe. Também cria uma cultura de medo, xingamentos e traições. O medo do castigo tira a graça do jogo e faz com que as pessoas percam produtividade. Isso acaba prejudicando toda a cultura de sua empresa. Logo, ninguém estará jogando para ganhar; todos estarão jogando *para não perder*.

Não deixe que sua empresa se transforme em um lugar onde os funcionários tenham medo de fazer a coisa errada e se preocupem em serem repreendidos, levando-os a se esconder, a ter excesso de cautela e a nunca demonstrar seus verdadeiros talentos. Isso é ruim tanto para os indivíduos quanto para a empresa.

JOGUE PARA VENCER

Na Keyser, esperamos vencer, por isso jogamos para vencer. O elemento de jogo acrescenta energia e diversão, eliminando a punição. Se alguém deixar a peteca cair, mandamos esse jogador de volta ao jogo com palavras de incentivo. Nossos clientes vencem quando todos nós trabalhamos juntos, apoiando uns aos outros e aprendendo com nossas falhas em vez de punir as falhas das pessoas.

Quando Rick Osselaer, um experiente membro da Keyser, começou a trabalhar conosco, ele copiou acidentalmente um senhorio em um e-mail confidencial para um cliente inquilino, e o cliente veio me procurar, frustrado. Rick tinha agido rápido e cometeu um erro. Tendo vindo de uma cultura imobiliária comercial mais tradicional, Rick estava muito preocupado que, quando entrasse no escritório, ele estaria em apuros. Mas em vez disso, ele teve uma agradável surpresa. Eu olhei para Rick e disse: "Isso foi bom? Não. Mas todos cometem erros e aqui na Keyser nós não punimos os erros. Nós aprendemos com eles. Conserte isso e siga em frente!"

Rick ficou tão aliviado que voltou ao trabalho e imediatamente corrigiu o problema. Ele entrou em contato com o cliente, que foi surpreendentemente gentil, e eles continuaram com o negócio. Rick não acreditou quando percebeu que não houve comentários maldosos no escritório sobre seu equívoco, nem repercussões negativas. Em vez disso, ele teve a oportunidade de corrigir o erro, aprender com ele e seguir em frente com confiança.

VOCÊ É CAPAZ

Em certo momento, eu estava inseguro demais para acreditar que era capaz de atingir grandes objetivos. Talvez você já tenha experimentado essa mesma insegurança. Mas todos têm enormes capacidades inexploradas dentro de si e podem ter um impacto genuíno sobre o mundo. Ajudamos nossos funcionários e parceiros a acreditarem que eles têm o poder de mudar o mundo.

Ao fundar a Keyser conosco, Blake tinha 25 anos e já estava adquirindo e negociando negócios multimilionários por conta própria. A Keyser não é como outras empresas nas quais os membros são obrigados ou pressionados a trazer membros seniores para seus grandes negócios. Outras empresas acham que um grande negócio é importante demais para ficar com alguém mais jovem. Nós nunca acreditamos nisso. Blake foi capaz de aprender e evoluir em ritmo muito acelerado porque nunca foi forçado a depender de ninguém. O nosso trabalho foi orientá-lo e apoiá-lo, mas deixamos que ele assumisse a liderança desde cedo. Desde o primeiro dia, acreditamos que nossos funcionários são de alto nível e estão à altura de grandes tarefas. Não permita que o medo de cometer erros impeça o progresso de sua equipe.

Examine seu negócio para determinar onde você poderia se tornar mais audacioso. Se você dirige uma empresa, pergunte aos membros de sua equipe se eles se sentem capacitados, independentemente de suas idades. Analise seus talentos para garantir que eles não estejam sendo subutilizados. Lembre-se: quando as pessoas estiverem trabalhando dentro de sua área de talento, elas estarão motivadas a oferecer mais para a organização. Se você descobrir que uma pessoa poderia ter mais sucesso em um setor fora de sua função oficial na empresa, seja ousado o suficiente para colocá-la em outro departamento. É surpreendente como isso pode revigorar a estagnação do local de trabalho. Todos ganham em um ambiente onde cada membro da equipe adora o que faz e se sente motivado a fazer o melhor de si. Erros não são punidos e ações ousadas são encorajadas.

CLIENTES E COLABORADORES

Nós queremos que nossos funcionários se sintam seguros e confortáveis. Queremos que eles saibam que têm uma quantidade significativa de escolha pessoal no que fazem e em como atendem aos clientes. Isso cria um ambiente no qual as pessoas tornam-se muito mais felizes, produtivas e dispostas a ir além para seus clientes e colaboradores.

A Microchip é uma empresa que transformou todo o seu negócio ao adotar esse Princípio. Recuperando-se de uma quase falência, eles se tornaram uma das empresas mais bem-sucedidas em seu setor, tudo devido ao fato de o CEO criar uma cultura na qual os erros são aceitos. Os funcionários são recompensados em vez de punidos quando admitem erros rapidamente. O resultado é uma tremenda criatividade corporativa e um sucesso insuperável. O livro de Michael J. Jones e Steve Sanghi *Driving excellence* [Conduzindo à excelência] conta essa história.

A equipe da Keyser definitivamente se sente responsável uns pelos outros, a fim de minimizar os erros recorrentes. Mas nós demonstramos amor sem punição ou constrangimento público. Por essa razão, a equipe não tem medo de agir de forma ousada para criar valor para a empresa e para os clientes. Eles se sentem seguros ao assumir riscos calculados sem medo de represálias. O apoio da equipe lhes dá a liberdade e a vontade de dedicar todos os esforços sem medo e com todo coração em seu trabalho, maximizando sua produtividade e rendimento.

PENSE RIDICULAMENTE GRANDE

É extremamente importante estabelecer metas realmente *grandes* para nós mesmos e para nossa organização. Quando lançamos a Keyser, nossa declaração a todos que quisessem ouvir foi "Vamos criar uma empresa da *Fortune 500* que reinventará o setor imobiliário comercial". Muitos nos ridicularizaram, mas não deixamos que isso nos abalasse. A história prova que nada de extraordinário jamais foi realizado por uma empresa sem uma missão ousada — ousada o suficiente para revigorar uma equipe de pessoas guiadas por um propósito e que se reúne para cumprir a missão.

Você não quer ser uma empresa que estabelece metas modestas sob o pretexto de ser realista. Você perderá o entusiasmo e a diversão de fazer parte de uma equipe altamente motivada, que aceita desafios e almeja metas grandes e ousadas. Estabeleça metas enormes, loucas e impossíveis para que você se levante todas as manhãs empolgado para ir trabalhar e se dedicar a alcançar todas elas.

Na Keyser, criamos uma nova maneira de ver o estabelecimento de metas. Primeiro, criamos a MGCA (Meta Grande, Cabeluda e Audaciosa) de *transformar todo o nosso setor através do serviço.* Pegamos o que achávamos que seria um objetivo razoável e depois levamos isso para o próximo nível. Para ser ousado, é preciso pressionar a si mesmo e sua equipe para superar novos limites e depois agir.

Então decidimos ir mais longe e criar uma MGCA ainda maior, chamada MECA (Meta Enorme, Cabeluda e Audaciosa). Nosso objetivo agora é *transformar o mundo empresarial inteiro* por meio de um serviço altruísta. Estamos dispostos a parecer loucos, apresentando um grande objetivo e trabalhando juntos para alcançá-lo, pois estamos confiantes de que o conseguiremos.

A vida é curta demais para agir com cautela. Saia e estabeleça metas enormes e ridículas, e depois trabalhe incessante e apaixonadamente até que elas se tornem realidade. Confie em suas intuições criativas e não tenha medo de parecer louco ou irrealista. Qualquer pessoa que tenha conseguido mudar o mundo para sempre enfrentou muitos céticos, cometeu muitos erros e teve muitos contratempos em sua jornada. Se fosse fácil, todos fariam isso.

Não siga pelo caminho seguro e fácil. Tome medidas ousadas e você pode até se surpreender com o que é capaz de fazer!

PONTOS PRINCIPAIS

1. Um erro, por sua própria definição, é um equívoco honesto, erro de cálculo ou acidente, não uma irresponsabilidade contínua, negligência ou mau comportamento intencional.
2. Uma ação ousada, destemida e enorme é a única maneira de gerar um sucesso extraordinário. Não deixe que o medo de parecer tolo, de cometer erros ou de fracassar o impeça de tomar grandes ações.

3. Quando cometer um erro, aproveite a oportunidade para crescer, reavaliar e aceitar o desafio de novo, e ser um vencedor.
4. Dê segurança e confiança a seus funcionários. Permita uma quantidade significativa de escolha pessoal no que eles fazem e como eles servem seus clientes.
5. Reconheça que todos nós somos imperfeitos. Quando os membros de sua equipe cometerem erros, ofereça gentileza e incentivo. Ajude-os a aprender com os próprios erros e evitar repeti-los no futuro. Não tenha medo de falhar.
6. Como um líder, aceite seus erros — seja um exemplo para que todos vejam que você sabe que não é perfeito.
7. Responsabilizem-se uns aos outros com amor, não com punição ou constrangimento público.
8. Tenha um grande objetivo, acredite nele e esforce-se diligentemente para alcançá-lo.

LIVROS PARA FOMENTAR O CRESCIMENTO

A marca da vitória: a autobiografia do criador da Nike, de Phil Knight

Esta é uma ótima leitura. O livro mostra como Knight alcançou o sucesso agindo de várias maneiras corajosas e diferentes que intimidariam a maioria das pessoas. Ele agiu destemidamente, foi à falência e foi recompensado depois. O livro também se concentra na mentoria e contratação de grandes funcionários.

Mindset: a nova psicologia do sucesso, de Carol S. Dweck

Este é um dos meus livros favoritos de todos os tempos. Ele explica como seu mindset é tudo e que ter uma mentalidade de crescimento em vez de uma fixa permite que você viva em um futuro ousado. Você pode definir a si mesmo como quiser. Você está limitado apenas pelo que acredita poder realizar, e essa mensagem é muito poderosa e articulada. Também há neste livro lições muito importantes para quem já é pai.

PRINCÍPIO 4

EXCEDA AS EXPECTATIVAS DOS CLIENTES

"Nós sempre fazemos o melhor e produzimos mais do que nossos clientes pedem ou esperam. Nós oferecemos serviços, materiais e produtos da mais alta qualidade a nossos clientes e parceiros, e nada é feito pela metade. Tudo é feito com o melhor de nosso potencial."

VOCÊ

Esse Princípio se baseia significativamente nos Princípios 1–3. Para conseguir superar as expectativas, é preciso redefinir as suas próprias expectativas. Você deve mudar como entende o ato de servir aos outros, ser incansável em sua abordagem, estar disposto a cometer erros, reavaliar as necessidades dos outros e escalar a montanha para alcançar novas alturas.

Como dito anteriormente, esse não é um caminho fácil. Não há atalhos ou passe livre. É uma escolha que você deve fazer para superar a concorrência. É preciso comprometimento e determinação. A mudança começa dentro de você e você deve estar disposto a fazer de tudo. Estabeleça padrões extraordinariamente altos para seus níveis de serviço aos seus clientes, trabalhe loucamente e se comprometa a fazer tudo com o melhor de suas habilidades. Se fizer isso incessantemente e não desistir, você crescerá e se sobressairá muito mais rápido do que aqueles ao seu redor. Em última análise, se você fizer isso, não haverá como detê-lo no sucesso que você pode alcançar, tanto pessoal quanto profissionalmente.

Você vai acordar um dia e será o melhor.

CULTURA DA EMPRESA

Quando estou analisando quem eu quero trazer para minha equipe, me concentro naqueles que são os melhores da categoria e que têm o mindset certo. Eu me preocupo muito menos com onde eles estudaram e seus históricos, mas procuro alguém com muita atitude que eu possa cultivar e desenvolver. Quando sua equipe está repleta de pessoas que têm uma mentalidade vencedora, isso leva a um aprimoramento contínuo e a um constante senso de responsabilidade. Nosso objetivo não é apenas sermos os melhores da categoria, mas também buscarmos constantemente superar limites, assegurando que nós estamos trabalhando com nosso maior potencial, tanto como indivíduos quanto como uma empresa.

PROFISSIONAIS DE QUALIDADE

O nível de qualidade começa com o tipo de profissional que contratamos. Para garantir que nós possamos sempre construir relações de qualidade com nossos clientes e ir além de suas expectativas, sempre priorizamos encontrar membros da equipe culturalmente alinhados. Contratamos membros que simbolizam os Princípios Keyser em primeiro lugar e acima de tudo. A experiência é importante, mas o alinhamento é tudo. O maior ativo que entregamos ao mercado são nossos funcionários, não os materiais ou serviços adjacentes.

Conservamos uma equipe de indivíduos que estão comprometidos com a nossa missão de mudar o mundo por meio de um serviço altruísta. Estamos todos dispostos a trabalhar arduamente em prol desse objetivo e estamos motivados a fazer o esforço extra necessário para oferecer excelência.

Darius Green, um de meus melhores amigos e sócio-fundador da Keyser, nos deu um exemplo de como dar mais valor às pessoas que encontramos, independentemente de serem clientes ou parceiros. Um de seus contatos pediu a rápida opinião profissional de Darius sobre um assunto. Ele poderia ter respondido com um simples e-mail, resumindo brevemente sua opinião profissional. Entretanto, apesar de não ter perspectivas potenciais de ter o contato como cliente, Darius enviou um relatório completo, sem nenhum custo, com exemplos que sustentavam seus dados.

Da mesma forma, uma grande empresa de tecnologia deu três arrendamentos para avaliação a Matthew Cummings, um dos corretores mais inteligentes e trabalhadores da Keyser (e também o melhor jogador de pingue-pongue da empresa). Matthew avaliou todos os três arrendamentos, criou um resumo executivo e depois se reuniu com o vice-presidente de finanças da empresa. A apresentação de Matthew revelou oportunidades para melhorar os atuais contratos de arrendamento. Ele também compartilhou como poderíamos implementar um sistema que tornaria a carteira imobiliária comercial mais uniforme, sistemática e orientada em processos.

A proposta de Matthew incluía uma sugestão para um consultor de serviços completos em vez de um mero gestor de transações. Este novo cargo proporcionaria um serviço muito além do de um típico corretor de imóveis comerciais. A sugestão criativa e não convencional de Matthew, combinada com seu compromisso de produzir mais do que seu cliente solicitou, lhe rendeu um cliente nacional.

Devido a essa abordagem de alto nível, nossa equipe oferece os melhores produtos e serviços possíveis. Ao tomar o tempo necessário para ser atencioso e intencional em relação ao que entregamos a nossos clientes, eles sabem que podem sempre esperar o melhor de nós. Isso é incrivelmente importante se quisermos manter nossa reputação no mercado como a melhor organização de serviços da categoria.

Produtos de péssima qualidade que são construídos de forma desleixada ou apressada são inaceitáveis para uma empresa comprometida em fornecer um serviço do mais alto nível para cada cliente. Se percebemos que não seremos capazes de completar uma tarefa em seu potencial máximo, não a assumiremos.

Toda a equipe da Keyser está comprometida com ajudar uns aos outros a fornecer produtos e serviços da mais alta qualidade possível. Mike Hirth, outro dos incríveis corretores da Keyser, por exemplo, teve um cliente que entrou em contato para solicitar a visita em alguns edifícios em potencial naquela mesma tarde. Em vez de reunir apressadamente as informações de várias propriedades, dois membros da equipe dedicaram tempo e esforço extra para compilá-las corretamente e finalizaram em tempo real um material explicativo e bem-feito para as visitas, assegurando que pudéssemos apresentar aos clientes um trabalho com a qualidade da Keyser. Esse tipo de apoio da equipe de outros corretores no escritório é inédito nos ambientes tradicionais de corretagem e é um dos motivos que tornam a Keyser tão especial.

CLIENTES E COLABORADORES

O controle de qualidade é uma de nossas maiores prioridades e está ligado ao nosso objetivo global de fornecer o melhor serviço para cada cliente. Infelizmente, o setor imobiliário comercial é conhecido por fazer o mínimo necessário para fechar uma venda. Isso é tão comum que poucos clientes esperam muito mais dos corretores imobiliários comerciais típicos.

Na Keyser, vemos isso como uma grande oportunidade para ir além em nosso serviço aos nossos clientes e colaboradores. Buscamos maneiras de antecipar suas necessidades antes que elas se manifestem. Esse nível de serviço requer intencionalidade, pensamento criativo e um comprometimento que persiste mesmo quando os atalhos parecem tentadores.

Estamos comprometidos com a excelência e sempre em busca de melhores maneiras de oferecer valor aos nossos clientes. Como o mundo dos negócios muda continuamente ao nosso redor, queremos adaptar nossos métodos e melhorar nossas habilidades. Aonde quer que vamos, nós nos fazemos estas perguntas: como podemos melhorar? Como podemos garantir que sempre lideraremos o mercado e forneceremos valor adicional a nossos clientes e parceiros? Em vez de usar esse comprometimento para competir constantemente dentro de nossa própria empresa e contra os membros de nossa própria equipe, o *Keyser Way* é usar nossa excelência para nos fazer evoluir e criar um melhor nível de serviço para todos os nossos clientes.

Há também outra vantagem em oferecer níveis de serviço ridiculamente altos. Nossos concorrentes no mercado sabem que nós fornecemos um nível de serviço muito elevado a todos os nossos clientes. Como tal, é desmotivador para eles tentarem conquistar os nossos negócios, pois sabem que terão de produzir um nível de serviço excessivamente alto apenas para corresponder ao que estamos oferecendo.

RELAÇÕES DE QUALIDADE

Mikey Maynard, fundador dos Serviços de Assessoria Empresarial da Keyser e guru do capital humano, acrescenta uma perspectiva diferente a esse Princípio que merece menção aqui. Ele enfatiza que o elemento mais importante nos negócios é a qualidade de suas relações com seus clientes, colaboradores e as pessoas dentro da comunidade. Isso significa um desejo de compreender o mundo de nossos clientes e um compromisso de entregar sempre produtos e serviços de alta qualidade a eles.

Parte do lema de nossa empresa é dedicar um tempo extraordinário a uma tarefa com novos clientes para entender todos os aspectos de suas organizações. Nós trabalhamos duro para descobrir o que eles realmente *precisam*. A Keyser não existe apenas para receber pedidos. Fazemos as perguntas difíceis e nos aprofundamos em seus mundos, e então atendemos a suas necessidades reais. Como sempre, fazemos mais do que nossos clientes esperam.

Quando você decidir que quer ser o melhor em sua área, dê uma boa olhada em sua concorrência. Descubra quem está produzindo os serviços e produtos de melhor qualidade. Defina a qualidade deles como um padrão *mínimo* para você e sua empresa. Analise o que os clientes esperam de alguém em sua profissão e pense em como superar essas expectativas.

Então, faça isso e não desista. Sim, é tão simples quanto parece.

PONTOS PRINCIPAIS

1. Não existem atalhos. A mudança começa dentro de você e você precisa estar incessantemente empenhado em fazer essa mudança acontecer.
2. A mais alta qualidade vem de uma equipe dedicada à colaboração.
3. Crie uma cultura de equipe que encoraje cada pessoa a sair e ajudar uns aos outros a alcançar esse nível mais alto de serviço.
4. Contrate indivíduos que estejam comprometidos com sua missão e dispostos a trabalhar duro para atingir seus objetivos.
5. Comprometa-se a entregar um produto e serviço que seja verdadeiramente o seu melhor.
6. Se você prevê que não será capaz de completar uma tarefa em seu potencial máximo, não aceite esse trabalho de forma alguma.
7. Dê sempre o melhor de si. Procure constantemente maneiras de antecipar as necessidades de seus clientes e esteja atento a formas de oferecer melhor valor para seus clientes.
8. Sirva às pessoas mesmo que elas não sejam seus clientes. Ao servir aos outros, você está construindo relações de confiança, serviço e comunidade.

LIVROS PARA FOMENTAR O CRESCIMENTO

A velocidade da confiança: o elemento que faz toda a diferença, de Stephen Covey

Covey descreve como integridade, intenção, capacidade e resultados são essenciais para estabelecer credibilidade. Juntos, eles se resumem a caráter e competência. Nossos potenciais clientes precisam confiar em nós imediatamente se esperamos que eles se abram para nós e nos permitam servi-los da melhor forma possível. Aqueles que podem estabelecer confiança rapidamente vencem. É por isso que recomendo este livro de forma enfática.

***Getting naked* [Despindo-se]**, de Patrick Lencioni

Esta é uma fábula de negócios curta e fácil de ler que eu adoro. Getting Naked não é apenas um ótimo título para um livro de negócios, é também uma ótima maneira de perceber como a vulnerabilidade e ir além para atrair clientes em potencial — mesmo antes de ser contratado — é fundamental para o sucesso. A maneira de encantar clientes em potencial é ser humilde, altruísta e transparente. Só então eles realmente se abrirão e nos permitirão servi-los além do que permitiriam qualquer outra pessoa.

PRINCÍPIO 5

ESPERE VENCER SENDO O MELHOR

"Nós esperamos vencer sempre. Ponto final. Fazemos isso porque pensamos e agimos como realmente somos — os melhores no ramo. Ninguém oferece um serviço ou representação melhor do que nossa equipe. Somos os MELHORES e honramos a nós mesmos, nossos parceiros e nossos clientes por sermos e darmos o melhor de nós mesmos."

VOCÊ

Quando falamos em ser o melhor, não estamos falando em ser presunçosos ou pomposos. Estamos falando em saber qual é o nível de serviço que precisamos e que pretendemos prestar, e depois conseguir atingi-lo sendo o melhor naquilo que fazemos. Esse impulso deve vir de dentro de cada pessoa. Sem o desejo de vencer honrando a nós mesmos e aos outros, nos falta a motivação que está na raiz do serviço altruísta.

O comprometimento com o sucesso daqueles com quem fazemos negócios nos estimula a entregar resultados extraordinários para cada cliente. Ser realmente excelente no que fazemos é nossa mais alta forma de serviço. Para nós, "bom o bastante" não é bom o bastante. Ser o melhor é um compromisso que assumimos conosco e uns com os outros.

No meu caso, decidi ainda na infância que seria o melhor. Eu nem sabia o que isso significava na época, mas estava comprometido com isso e levantava-me todas as manhãs e trabalhava muito para atingir esse objetivo. Quando desânimo, erros, fracassos e decepções ocorriam, eu não desistia. Segui comprometido com a minha decisão de ser o melhor.

A parte mais legal é que ser o melhor não se trata de se comparar com os outros, embora soe dessa maneira. Isso diz respeito, na realidade, a se comparar com seu próprio potencial. Ser o melhor é um mindset. Conheço muitos corretores talentosos que se vendem pouco porque não acreditam que podem ser os melhores e atuar nos níveis mais altos. Não se contente com pouco. Trace como meta ser o melhor e depois faça o que for necessário para alcançá-la.

CULTURA DA EMPRESA

Dentro de uma cultura empresarial, a atitude de ser o melhor é contagiante. Nós da Keyser sabemos que somos os melhores. Como resultado, contratamos e mantemos apenas os melhores talentos, e todos são desafiados a atuar nos níveis mais altos. Essa atitude de ser o melhor é parte do motivo pelo qual tantos corretores se candidatam para trabalhar em nossa empresa. Eles sabem que somos os melhores e por isso querem trabalhar conosco. Dizemos não a muitas pessoas que querem se juntar a nós porque queremos apenas os melhores indivíduos que estão alinhados com nossos valores fundamentais e dispostos a trabalhar duro e viver nossos 15 Princípios Operacionais Fundamentais.

Particularmente, eu sou muito grato por haver tantas outras empresas tradicionais por aí que estão dispostas a contratar pessoas que ou não seriam compatíveis com a Keyser, ou que simplesmente não teriam sucesso na nossa empresa. A maioria de nossos concorrentes só quer preencher vagas. Nós, não. Nós desejamos apenas pessoas extraordinárias e talentosas que realmente se importam com os outros, por isso somos extremamente seletivos com membros de nossa equipe. Nós somos os melhores e queremos apenas membros da equipe que acreditem nisso e vivam para isso dia após dia.

SEJA O MELHOR AJUDANDO OS CLIENTES A SEREM OS MELHORES

Pelo que sabemos, a Keyser é a única empresa imobiliária comercial que também possui uma prática focada no capital humano, ajudando os clientes com o desenvolvimento de seus líderes e funcionários. Mikey e sua equipe de Serviços de Assessoria Empresarial da Keyser são especializados nesse aspecto de nossa empresa. Ajudamos os clientes a desenvolver pessoas dentro de suas organizações e facilitamos o treinamento de líderes e funcionários para maximizar o potencial deles.

Para a maioria das organizações, os bens imóveis e instalações são sua segunda ou terceira maior despesa, sendo o maior item de despesas seus funcionários. Nós tomamos a decisão de acrescentar uma prática de capital humano dentro da Keyser para que, caso não possamos ajudar alguém com seus desafios imobiliários, ainda podemos ajudá-los com o lado humano de seus negócios. A grande vantagem para os clientes na atualização de seu capital humano — criando uma cultura de qualidade — é que eles verão suas receitas subirem; eles poderão ver suas despesas operacionais caírem também se nos contratarem também na frente imobiliária. Nós queremos ajudar nossos clientes a serem os melhores naquilo que fazem por meio de nossa equipe, que é a melhor naquilo que faz.

Melhore seu resultado final usando o plano de ação em três etapas para talentos da Keyser disponível em: www. ruthlessbook. com/vault.

CLIENTES E COLABORADORES

A expectativa de vencer é apenas uma maneira diferente de olhar para o serviço. Isso é se comprometer a ir além das expectativas do setor. Simplesmente prestando atenção e procurando atentamente por oportunidades para servir, desenvolvemos uma vantagem a um nível pessoal que a maioria das empresas não tem. Nós também ficamos de olho nas necessidades de futuros clientes, assim como os das pessoas e empresas com as quais nos conectamos, porque estamos comprometidos com seu sucesso. Nós nos preocupamos com as pessoas com as quais entramos em contato e estamos comprometidos em servi-las da melhor forma possível.

O MINDSET "SEJA O MELHOR" IMPRESSIONA OS MELHORES CLIENTES

Andrew Laporte, um profissional em ascensão na Keyser, explica bem isso: "Ser o melhor em tudo o que fazemos é um mindset da Keyser. Seja para conquistar ou para servir um cliente, estamos determinados a superar as expectativas. Personalizaremos o serviço para cada cliente e nunca nos desviaremos de nosso compromisso de fornecer o melhor serviço possível." Considere como você pode estabelecer as melhores práticas em seu setor, depois adapte-se às necessidades de cada cliente, sempre mantendo seus altos padrões.

Por mais estranho que isso pareça, muitos vendedores sentem que não são suficientemente bons para certas contas grandes. Bobagem! Não perca seu valioso tempo sentindo-se inseguro pela possibilidade de outra empresa ou pessoa ser mais adequada do que você para ajudar um cliente em potencial. Se você está disposto a trabalhar mais e entregar mais do que seus concorrentes, então você merece conquistar o cliente. O medo da rejeição o afastará do jogo e nunca irá gerar grandeza. As pessoas conseguem sentir confiança e nada cria mais confiança do que um extraordinário comprometimento com o sucesso de um cliente.

Esperamos vencer sempre. Queremos que as pessoas vejam e experimentem a sinceridade e autenticidade de nossa equipe, uma equipe totalmente comprometida com o sucesso de nossos clientes. Valorizamos cada pessoa, empresa e relacionamento. Com esse mindset, por que nós perderíamos?

Quando estamos cem por cento comprometidos com o sucesso de nossos clientes e temos ampla experiência e conhecimento, oferecemos o melhor serviço da categoria e entramos na sala realmente acreditando que venceremos.

Quando nos encontramos com um cliente, não somos tímidos. O líder da equipe de serviços de franquia da Keyser, Ty Brewster, teve uma reunião marcada com um importante cliente em potencial. Quando ele entrou na reunião, simplesmente *presumiu* que aquele seria o seu cliente. Ty começou a ajudá-lo imediatamente, identificando três coisas que o futuro cliente precisava e depois começou a trabalhar. Ele não pediu ou esperou pela autorização; ele apenas prosseguiu como se já fosse o responsável por aquele cliente em potencial. O resultado? Ele conseguiu fechar negócio com o cliente.

Nós queremos que nossos clientes saibam que trabalhamos muito em prol deles. Nosso objetivo é entregar melhores materiais, utilizar melhores estratégias de negociação e, em última instância, garantir os melhores termos possíveis em cada transação. Tiramos um tempo para realmente conhecer nossos clientes para que possamos efetivamente fornecer as ofertas que melhor atendam suas necessidades individuais.

NÓS VENCEMOS QUANDO ELES VENCEM

As práticas comerciais da Keyser são orientadas estrategicamente (a longo prazo) e não taticamente (a curto prazo). Enquanto outras empresas em geral olham para transações imobiliárias de forma tática, nós procuramos analisar de forma mais ampla como maximizar o poder de compra de nossos clientes enquanto reduzimos de modo estratégico as despesas operacionais deles. Este Princípio não se refere à expectativa de ganhar um contrato, mas sim de vencer ao garantir sucesso a longo prazo para nossos clientes.

Devemos a nossos clientes a oportunidade de trabalhar com a melhor empresa de consultoria imobiliária e comercial possível, que atua com afinco para obter resultados que excedam expectativas. É o que somos — cada vez mais.

Esperamos vencer diversificando o que fazemos. Esperamos vencer assegurando que o cliente vença.

O outro lado dessa equação vencedora é saber quando dizer não. Não perdemos nosso tempo correndo atrás de negócios em que não achamos que vamos vencer ou para os quais não sentimos que somos os mais indicados. Normalmente, não trabalhamos com prospecção de negócios, pois não se trata de relações, e sim de arranjos comerciais, em que tudo se resume ao menor custo possível. Passamos nosso tempo com clientes e pessoas que estão alinhados com nossa missão e que escolhemos, sabendo que podemos servi-los melhor.

Dizem-nos que nossos corretores são mais confiantes do que a maioria. Quando entramos em uma reunião, vamos com o mindset de que vamos *vencer*. Não é arrogância. É comprometimento. Nós estamos comprometidos em servir incansavelmente para ter sucesso.

PONTOS PRINCIPAIS

1. Ser o melhor é um mindset que é criado e perpetuado intencionalmente.
2. Seja a empresa que está tão comprometida com o serviço que lhe permite superar todas as outras empresas em seu campo de atuação.
3. Espere vencer sendo o mais comprometido com seus clientes potenciais.
4. Aja como se você já tivesse conquistado o contrato de um cliente em potencial e apresente todo o seu empenho em servi-lo da melhor maneira possível.
5. Avalie se há serviços extras que você possa acrescentar para atender às necessidades de seus clientes.
6. Seja estratégico, não tático.
7. Reconheça quando você não é o mais adequado para um cliente ou ele não é o mais adequado para você e não perca tempo com conexões equivocadas.

LIVROS PARA FOMENTAR O CRESCIMENTO

***Relentless* [Incansável],** de Tim S. Grover

Este livro descreve minha abordagem melhor do que qualquer outro livro que eu já tenha lido. Grover escreve sobre seu trabalho com Michael Jordan, Kobe Bryant, Dwyane Wade e Charles Barkley, destacando especialmente a busca obsessiva por excelência desses atletas. Nunca satisfeita, a pessoa incansável espera vencer, esforçando-se continuamente para ser a melhor. Elas fazem o que for preciso com esforço incessante e crescimento contínuo para se posicionarem para vencer. Um livro fantástico.

Garra: O Poder da Paixão e da Perseverança, de Angela Duckworth

Garra é um excelente livro que reúne dois de nossos Princípios Fundamentais: os Princípios 2 e 5. A paixão e a perseverança permitem que as pessoas se tornem as melhores no que fazem. Você faz o que gosta e continua a fazer, mesmo quando é difícil. A grandeza é alcançada através do esforço e do compromisso de ser e se tornar o melhor. Aqueles que alcançam a excelência vencem com mais frequência do que aqueles que não o fazem. Eu quero vencer. Sempre. Adoro este livro.

PRINCÍPIO 6

UMA EQUIPE VERDADEIRAMENTE COESA

"Nós somos uma equipe e cada pessoa desempenha um papel integral. Juntos, alcançamos mais sucesso do que teríamos alcançado por conta própria, e nós honramos a importância da contribuição de todos. Cada um de nós serve uma função crítica da equipe e nenhum membro da equipe é superior ao outro."

VOCÊ

Temos uma vantagem competitiva significativa na Keyser. Uma vez que você tenha a oportunidade de se juntar à Keyser, todos os outros membros da equipe estarão comprometidos em torná-lo extraordinariamente bem-sucedido a nível individual, de equipe e de empresa. Isso pode parecer um clichê, mas é verdade, e é uma parte crítica da cultura que criamos. Como eu disse e continuarei a dizer no decorrer desses Princípios, cada pessoa faz uma enorme diferença para a empresa e essa diferença começa dentro da pessoa.

OS INDIVÍDUOS FORMAM UMA EQUIPE

Nós estamos desenvolvendo o modelo de um negócio baseado em serviços com nossos talentosos e motivados membros de equipe, que trabalham para dar vida a esses Princípios. É muito melhor trabalhar com uma comunidade de pessoas com os mesmos interesses do que trilhar um caminho sozinho.

Pense em minhas experiências de trabalho com corretoras tradicionais, antes de fundar a Keyser. Eu estava constantemente brigando por negócios, protegendo as informações de meus clientes e agindo com desconfiança. Esse é o mundo onde a maioria dos corretores vive e atua. Mas quanto mais tempo fico nesse setor e quanto mais minha equipe implementa esses Princípios, maiores são as evidências de que o mindset de "cada um por si" é contraproducente para o verdadeiro sucesso a longo prazo e sustentável nos negócios.

CULTURA DA EMPRESA

Dentro da Keyser, a contribuição de cada pessoa é igual e extremamente importante, ao contrário de outras empresas que são conhecidas por sua hierarquia bem definida. Em outros lugares, as contribuições dos corretores "júnior" ou "com menos vivência" são comumente desvalorizadas até que eles tenham "conquistado" o privilégio de serem tratados como iguais por corretores ou consultores seniores — e, mesmo assim, o mindset de ferocidade continua. Essa situação desmoralizante leva a um comportamento disfuncional e cria uma forte sensação de "nós contra eles". Ela garante que as pessoas continuarão a competir impiedosamente e a prejudicar umas às outras em um jogo de soma zero. Esse não é um mindset de crescimento produtivo para nenhum indivíduo ou empresa. E é exatamente isso que queremos mudar.

ASAS EMPRESTADAS

Há muitos benefícios em tratar a todos como iguais em uma estrutura de apoio e colaboração; no entanto, o maior deles é que isso empodera a próxima geração de profissionais em ascensão a alcançar sua própria grandeza muito mais cedo. Em vez de se sentirem rebaixados e inferiores nos primeiros dez ou quinze anos de carreira, esses profissionais são tratados como partes integrantes da equipe desde o início.

Como corretora novata na Keyser, a especialista industrial Kari Hartman achou muito útil, em suas primeiras semanas conosco, ser encorajada a sentar-se com membros-chave da equipe e aprender algumas das melhores práticas deles. A filosofia da equipe Keyser permite que os corretores experientes baixem a guarda sem medo de que os novos contratados se tornem seus concorrentes. Consequentemente, os conhecimentos e conselhos fluem abertamente em nosso ambiente colaborativo. Todos os novos membros da Keyser, como Kari, sabem que podem contar com qualquer pessoa no escritório para orientação e apoio. Esse é um presente inestimável, especialmente para alguém novo no setor.

Na Keyser, nossa equipe sênior coloca os membros juniores sob suas asas. Os novos membros são encorajados a se reunirem com *todos* os membros seniores e aprender como ser bem-sucedido. Nosso objetivo é treinar nossos jovens para usar as melhores estratégias conhecidas e serem o mais eficazes possível.

Esse comportamento igualitário e solidário é único em nosso setor. Em todo o país, mais de oitenta por cento dos recém-chegados que tentam se tornar corretores imobiliários desistem porque essa é uma atividade muito difícil e recebem bem pouco apoio ao tentar progredir na carreira.

CLIENTES E COLABORADORES

Quando Joe Pillor, nosso especialista em franquias, era novo na Keyser, ele usou essa filosofia colaborativa como um argumento de venda. Joe compartilhou com os contatos que "um dos valores que trazemos conosco é que você não está apenas trabalhando comigo. Há uma vasta experiência entre nossos corretores, que compartilham ideias uns com os outros e ajudam uns aos outros a fazer um negócio avançar".

Os clientes que contratam a Keyser adquirem mais de um corretor; eles adquirem a experiência de toda a empresa, ajudando-os direta ou indiretamente. Isso só poderia ocorrer em um ambiente de equipe colaborativo como o nosso.

Essa atmosfera otimista e sinérgica de equipe é o que atraiu Patti Gentry, uma veterana do setor, para a Keyser. Fazer parte de uma equipe a estimula e lhe dá vontade de comparecer ao escritório todos os dias. Saber que ela pode pedir ajuda ou informações a qualquer pessoa é algo que ela nunca poderia ter feito em nenhuma das empresas reconhecidas nacionalmente onde ela trabalhou antes. Nas próprias palavras de Patti, "Aqui não se trata de egos, comissões ou títulos. É tudo para o benefício do cliente".

MUDANDO OS NEGÓCIOS PARA O SUCESSO DO CLIENTE

Você notará, em nosso site, que nós não somos grandes entusiastas de títulos pessoais. Cada um de nós tem sua função, mas não acreditamos em títulos egocêntricos. Isso sustenta o conceito de "uma equipe" e nos lembra que somos iguais — a contribuição de cada um é importante. Desde nossa recepcionista, que dá a primeira impressão de nossa empresa a todos que entram ou ligam, até os corretores ou consultores que estão aqui há mais tempo, somos todos iguais. Trabalhamos todos juntos, orientando uns aos outros e tratando todos como iguais.

Quando o experiente corretor Nathan Pancrazi se juntou à Keyser como novo membro da equipe, nós o incluímos em um grande projeto de cliente em potencial. Demos a ele a tarefa de fazer a apresentação oral e um papel significativo na organização geral do projeto. Quando conquistamos o cliente, demos intencionalmente muito crédito a Nathan e celebramos isso. Esse processo intencional em nosso escritório dá aos novos membros da equipe uma motivação maior para eles se destacarem.

Vemos nossa empresa como um grupo de elite que trabalha em colaboração como uma organização, espera muito de cada membro e é excepcionalmente capaz — semelhante à atitude dos Navy SEALs[1]. Se você conhecesse um SEAL, não perguntaria "Qual é a sua patente?". Você diria apenas: "Uau, você é um SEAL!". A filiação é tudo o que você precisa.

Somos uma organização plana, especializada e altamente talentosa, sem hierarquias, títulos ou um quadro de gestão dividido por níveis. Meu papel como líder é servir a cada membro da equipe e ajudar todos a alcançarem o sucesso absoluto. Esse também é o objetivo de todos os outros membros da equipe.

Essa "estrutura plana" também tem sido utilizada por outras empresas de grande sucesso. Por exemplo, o Google utiliza a estrutura plana, incentivando os funcionários a tomarem decisões sem ter que buscar a permissão dos níveis "superiores" de gestão. Essa técnica permite que os funcionários da empresa sintam que são particularmente responsáveis pelas decisões que tomam, o que os permite tomar decisões com cuidado. Eles sentem que a equipe gerencial confia neles e, portanto, eles agem à altura dessa confiança ao dar sempre o seu melhor.

Nós incentivamos práticas semelhantes na Keyser, com o objetivo de fazer com que nossos membros sintam que estão sendo tratados como integrantes plenamente capazes da equipe o tempo todo.

Para ser bem claro, a Keyser não é uma empresa que opera com um mindset socialista, dando a todos esmolas independentemente do valor fornecido. Todos recebem uma compensação justa pelo valor que trazem.

Operar como uma equipe unificada com todos contribuindo generosamente para o sucesso uns dos outros é como criamos um campo de atuação igualitário para nós mesmos. Todos nós acabamos ganhando mais dinheiro do que teríamos ganhado sozinhos e, juntos, nós nos aproximamos de nosso objetivo de mudar o mundo dos negócios por meio de um serviço altruísta.

1.Navy SEALs é o grupo de elite da Marinha dos Estados Unidos da América. Seus integrantes são conhecidos como SEAL [N.E.]

PONTOS PRINCIPAIS

1. Trate a todos como iguais, não importa o papel, a longevidade ou o status de sua posição.
2. Incentive sua equipe a se comprometer a ajudar cada integrante a obter um sucesso extraordinário. O desejo de ser competitivo será como o de uma equipe assumindo o setor, não como o de um membro da equipe contra outro.
3. Crie uma atmosfera de equipe sinérgica que atraia talentos experientes alinhados filosoficamente, permitindo que se sintam confiantes de que seu conhecimento e experiência podem ajudar a empresa e a equipe a crescer e se tornar uma entidade mais forte no setor e para os clientes.
4. Considere a criação de uma estrutura organizacional que permita que os funcionários assumam o comando, ajudem a tomar decisões e se sintam responsáveis pelo sucesso da empresa.
5. Crie um ambiente de equipe colaborativa para que os clientes sintam que estão contratando toda sua equipe, não apenas um indivíduo.

LIVROS PARA FOMENTAR O CRESCIMENTO

Líderes se servem por último: como construir equipes seguras e confiantes, de Simon Sinek

Este é um livro extraordinário sobre liderança altruísta e o interesse próprio embutido nela. O título diz tudo — todos os verdadeiros líderes colocam sua equipe em primeiro lugar, preocupam-se mais com o sucesso dela do que com o seu próprio e a faz sentir-se segura. Os verdadeiros líderes veem a si mesmos como servos de seus funcionários. Eles tratam seus subordinados como membros da família, cuidam de seus interesses a longo prazo e fazem com que eles nunca mais queiram sair da empresa. Vale a pena ler este livro mais de uma vez.

Capitalismo Consciente: como libertar o espírito heroico dos negócios, de John Mackey e Raj Sisodia

Além de fundar o movimento do Capitalismo Consciente, Mackey e Sisodia — por meio deste livro — foram os pioneiros de uma filosofia de negócios como motor do bem no mundo. Há muitos excelentes aprendizados, mas o meu favorito é relativo ao Princípio 6, na medida em que incentiva a tratar seus funcionários como acionistas, ajudando-os a encontrar sentido dentro da organização, capacitando-os a ter sucesso e a crescer de forma solidária, tratando a todos como seres valiosos e sem ter um mindset de liderança de quem está acima dos outros. Mackey também se tornou um amigo íntimo e eu posso garantir que ele vive o que prega.

PRINCÍPIO 7

DÊ EM PRIMEIRO LUGAR

"Nós damos em primeiro lugar, de forma plena e exuberante, sabendo que se nos concentramos em dar e realmente buscar oportunidades para ajudar os outros de forma real e tangível, então teremos verdadeira alegria e realização em nossas próprias vidas e, como um benefício adicional, teremos um sucesso retumbante também."

VOCÊ

O Princípio 1 foca o serviço altruísta. Neste caso de agora, o Princípio é sobre dar presentes a outros que surpreendem, impressionam e agradam.

É fácil encontrar maneiras de dar algo aos outros, e quanto mais você oferecer algo aos outros de forma generosa e criativa, maior será o impacto que você terá. Não me entenda mal. Não estou dizendo para doar todo o seu dinheiro. Não é disso que estou falando aqui. Às vezes eu doo dinheiro quando acredito que isso trará um grande impacto, mas gosto de dar presentes muito criativos e atenciosos que impressionam enormemente as pessoas e que têm um impacto gigante.

Um de nossos profissionais com mais futuro, Chase Wilson, segue esse caminho. Ele descobre com quem quer fazer negócios, pesquisa-o até encontrar algo que seria uma lembrança extremamente significativa, e depois cria e oferece a ele. Chase procura algo que tenha impacto emocional — algo do passado ou de uma das paixões do cliente que possa ser oferecido como um presente incrível.

Esses presentes não costumam ser caros. Eles apenas são bastante personalizados e atenciosos. A melhor parte — ele faz isso anonimamente e, algumas semanas depois, acompanha o resultado. É impressionante o impacto que essas lembranças atenciosas têm, e, quase sempre, ele consegue marcar uma reunião e, geralmente, também fecha o negócio.

> Temos outros exemplos fantásticos os quais você pode usar. Acesse www.ruthlessbook.com/vault para ter algumas ideias criativas que você pode usar para ajudá-lo a começar a dar presentes hoje.

Torne-se bom em identificar maneiras de causar um grande impacto ao oferecer algo tangível a alguém. Nada é mais legal do que receber um presente, especialmente um que seja personalizado e inesperado. Oferecer bons presentes é um dos maiores segredos para destravar grandes relacionamentos. Torne-se bom em oferecer e você descobrirá que outros lhe darão o que você quer de uma forma mais generosa do que você jamais imaginou ser possível.

Você também não precisa sempre dar um presente real. Dar crédito à atitude de alguém pode formar uma amizade para toda a vida. Oferecer seu tempo, sua energia, seus relacionamentos, sua empatia, tudo isso tem um impacto. O segredo é se manter constantemente em busca de maneiras de ser generoso com os outros.

Como você pode imaginar, se todos esperassem que alguém fosse o primeiro a agir, todos nós estaríamos estagnados. Portanto, para colocar em ação a generosidade altruísta, é preciso dar o primeiro passo. Ao desenvolver esse novo hábito, aos poucos você será capaz de dar algo sem se preocupar se as pessoas retribuirão ou não.

RETRIBUA CONTRIBUINDO ANTECIPADAMENTE

Ter uma filosofia de "contribuir antecipadamente" ajuda a manter o mindset certo à medida que você dá algo aos outros de forma altruísta. Em vez de esperar que outros que ajudamos nos retribuam, nós queremos que aqueles que ajudamos façam isso livremente por outra pessoa. Contribuir *antecipadamente*, como esperamos que as pessoas façam, torna-se semelhante a um pequeno riacho que se transforma em muitos rios, como se ele se ramificasse sempre para fora. As pessoas ajudam livremente outras, que por sua vez ajudam livremente outras, que por sua vez ajudam livremente outras. Contribuir de forma antecipada permite que muitas pessoas recebam a ajuda que precisam e depois as incentiva a sentir a alegria de dar algo também. Como um bônus, você sabe que teve apoio para criar esse fluxo positivo e constante de generosidade entre as pessoas que você conhece e ainda impactou a vida de estranhos ao longo do caminho.

O problema é o seguinte: é muito difícil, quando se tem contas a pagar, dar algo aos outros sem expectativa de retorno. Não me entenda mal. Você *pode* esperar um retorno — esse é o objetivo deste livro; apenas espere um retorno de sucesso sustentável a longo prazo, não uma contrapartida imediata de cada presente que você der, ou você se sentirá frustrado e desistirá muito antes que haja um retorno para você. Essa é a diferença. Dar algo de modo altruísta leva a retornos que muitas vezes vêm de fontes improváveis, portanto, dê coisas de forma altruísta e seja grato quando um presente lhe for retribuído por alguém que você jamais esperava. A vida não sustenta desequilíbrios e dar aos outros fará o universo lhe retribuir no futuro. Se você fizer isso o bastante, eventualmente você, o doador, será recompensado em profusão.

BENEFÍCIOS QUE GERAM RELACIONAMENTOS

Em muitos casos, agir com altruísmo pode criar oportunidades que vão além de um simples momento de bondade. Uma vez que decidi mudar para um modelo de serviço em primeiro lugar, comecei a experimentar benefícios que ajudaram a criar oportunidades para os outros e para mim mesmo também. Isso foi algo muito maior do que eu jamais teria pensado ser possível.

Blake Hardison, um de nossos membros da Keyser, é um exemplo disso. Nos anos antes de fundarmos nossa própria empresa juntos, Blake era na verdade um concorrente meu. Comecei a orientá-lo sobre ideias focadas em serviço e a apresentá-lo a potenciais clientes, colaboradores e pessoas de influência na comunidade, sem considerar a possibilidade de que ele pudesse tirar clientes de mim. Ofereci clientes e relacionamentos a ele livremente primeiro e fiz isso com boa vontade, não esperando nada em troca.

Blake ficou tão impressionado com meus atos de generosidade altruísta que decidiu juntar-se a mim e hoje ele é um de nossos principais produtores e um líder da nossa empresa.

CULTURA DA EMPRESA

Naturalmente, quando você interage com outros que estão alinhados com o mindset de dar algo em primeiro lugar, cada pessoa procura constantemente maneiras de se ajudar mutuamente, e isso forma organizações poderosas e eficazes. Vínculos de confiança são formados. Os clientes sentem isso. Os candidatos sentem isso. E, antes que você perceba, mais clientes querem contratá-lo e mais talentos de primeira linha querem se juntar à sua organização. É por isso que é tão importante que cada pessoa de sua equipe se esforce diariamente para interagir uns com os outros com uma atitude de dar em primeiro lugar.

A PRISÃO DE SER AGRADÁVEL

Muitas pessoas fazem algo que parece muito semelhante a viver o mindset de dar em primeiro lugar, mas o que elas estão fazendo, na verdade, é algo chamado de *prisão de ser agradável*. Esse é o espaço em nossa mente onde nos sujeitamos a fazer apenas o que nos fará receber a aprovação dos outros. Quando eu queria conquistar negócios antes de minha transformação, eu estava nessa prisão. Tomava medidas para fazer parecer que estava sendo generoso com os outros, mas o que eu realmente estava fazendo era tentar obter aprovação, negócios ou favores dos outros ao parecer ser generoso de forma altruísta.

A prisão de ser agradável é assustadora e desconfortável para todas as partes envolvidas. Ela é fácil de perceber e mina todo o poder da generosidade. Quando estamos presos nela, vivemos nossas vidas tentando impressionar um grupo específico de pessoas. Nos tornamos inautênticos e motivados pelas expectativas que depositamos nos outros, o que é uma maneira miserável e ineficaz de viver. As pessoas sentem um desespero interminável para obter aprovação, a ponto de comprometer seus valores, integridade e, potencialmente, até mesmo seus relacionamentos mais próximos.

Consegui escapar dessa prisão quando comecei a dar algo aos outros sem desejar nada, de verdade, em troca. Comecei a sentir a *liberdade* — com profunda satisfação, sucesso e relacionamentos significativos.

Os conceitos de servir e agradar podem parecer semelhantes de forma enganosa, mas estão a quilômetros de distância um do outro em questão de origem e produtividade. "Pessoas que tentam ser agradáveis" normalmente fazem isso por insegurança, medo ou ambição pessoal e egoísmo, e tudo se resume às aparências externas. O serviço genuíno vem de um coração generoso.

Os dois também produzem resultados diferentes tanto no doador quanto no receptor, terminando ou em tensão, ou em gratidão. Os dois conceitos causam reações diferentes, não apenas para quem dá, mas também para quem recebe, mesmo que apenas em um nível subconsciente. Quando as pessoas sentem que você está tentando manipulá-las para seu próprio benefício, há tensão. Por outro lado, quando percebem que você realmente se importa com elas, sem pensar em si mesmo, elas sentem uma profunda apreciação. É aqui que ter uma base sólida de serviço em primeiro lugar se torna tão importante quanto servir a sua equipe e, além disso, servir aos outros em sua vida e negócios.

CLIENTES E COLABORADORES

Uma de nossas missões na Keyser é ajudar nossa equipe a aprender a diferença entre dar algo de modo altruísta e agradar. Lembramos constantemente aos nossos membros que eles devem estar cientes da escolha que estão fazendo em qualquer situação — dar algo e servir, ou simplesmente agradar aos outros. Essa distinção é fundamental para decidir se deve doar seu tempo e dinheiro a uma organização sem fins lucrativos, ajudar alguém com algumas recomendações, ou dar a alguém um presente significativo. Nós dizemos: "Pergunte a si mesmo: esta atividade me traz alegria? Se não, então você provavelmente está agindo baseado em insegurança, manipulação, ou com um motivo obscuro."

Entender a diferença pode ser um desafio. Já tive pessoas na equipe que experimentaram nosso sistema e depois desistiram, decepcionadas porque a empresa não lhes trouxe ganhos financeiros imediatos. Elas diziam: "Acho que só preciso ser paciente". Sempre que ouço essa frase, sei que a pessoa não entende o que fazemos. Para que elas estão sendo pacientes? Por uma recompensa? Por algo em troca? Se elas realmente servirem ou derem algo a alguém — de forma sincera e altruísta — a *recompensa estará contida no ato.*

UM CONTRASTE COM O MINDSET DE DAR EM PRIMEIRO LUGAR

Depois de ter explicado nossa estratégia de negócios de generosidade altruísta a um grupo de empresários, a dona da empresa onde estávamos reunidos falou com entusiasmo:

— Jonathan, eu realmente aprecio o fato de você compartilhar o que está fazendo. Quero que saiba que nós temos seguido exatamente o mesmo modelo de negócios que você.

— Sério? — respondi. — Por favor, me conte mais sobre isso.

— Bem, ajudar os outros também é um componente-chave para nosso modelo de negócios. Veja essas palavras na parede.

Naquele momento, ela me apontou um manifesto contendo os valores fundamentais de sua empresa. Ela continuou:

— Nós tentamos sempre fazer um esforço excepcional para oferecer a todos que nos ajudam, e ensinamos a nossos funcionários a realmente ajudar nossos clientes.

— Sem querer ofender — respondi —, mas na verdade você tem o modelo de negócios oposto ao nosso. Você pensa que ajudar outros que ajudam sua empresa é algo único e que cuidar de seus clientes significa ir além do convencional. Mais uma vez, sem querer ofender, mas é isso que todos fazem. Na verdade, estou descrevendo algo muito diferente.

— Entenda, estou descrevendo um modelo no qual você não se preocupa com suas próprias necessidades. Você não monitora o que faz para outras pessoas a fim de comparar o que elas fizeram por você ou mesmo de se preocupar com o que elas poderiam fazer por você no futuro.

Agora que consegui a atenção dela, prossegui:

— O que você está descrevendo, embora possa não ser intencional, é um comportamento egoísta e manipulador reformulado para parecer com generosidade altruísta. Falo sobre pura generosidade vinda de si mesmo e oferecida aos outros. Isso significa utilizar as próprias energias, recursos e relacionamentos para ajudar todas as pessoas que lhe cercam de todas as maneiras possíveis e depois se levantar no dia seguinte e fazer tudo isso de novo. É isso que estou descrevendo e esse é precisamente o mindset que conduz aqueles que o seguem ao sucesso e riqueza extraordinários.

— Bom, então como você ganha dinheiro? — perguntou ela. — Se você passar todo seu tempo dando coisas e ajudando outras pessoas, você não vai acabar como a Madre Teresa? Feliz, mas pobre?

— Excelente pergunta — respondi. E então eu expliquei como fazemos negócios e como isso gera relações comprometidas que levam ao sucesso empresarial verdadeiramente sustentável. Uma vez que fui capaz de ajudá-la a ver a falha em sua abordagem, fui então capaz de ajudá-la a ver a verdadeira natureza do mindset de dar algo em primeiro lugar. Isso mudou a maneira como a empresa dela olhava para tudo.

O MINDSET DE DAR EM PRIMEIRO LUGAR NA EQUIPE DA KEYSER

Tornar o mindset de dar em primeiro lugar parte integrante dos princípios fundamentais de sua empresa pode facilmente soar contraintuitivo, mas vamos nos aprofundar no cerne da questão. Deixe-me dar alguns exemplos a serem considerados.

Um de nossos concorrentes negociou recentemente um arrendamento para uma determinada empresa e o negócio foi considerado como pronto para ser fechado pelo corretor. Foi um acordo horrível, que teria colocado o negócio em uma posição financeira arriscada. Entretanto, o corretor não estava disposto a renegociar porque um acordo melhor significava que ele receberia uma comissão menor. Felizmente, os membros daquela empresa foram apresentados a Chelsea Austin, que é líder do grupo de saúde da Keyser. Devido à reputação de serviço altruísta de Chelsea, o cliente estava confiante em encaminhá-los a ela. Ela ajudou a renegociar o aluguel e melhorou bastante as condições para o cliente — e fez isso sem a expectativa de ganhar uma comissão. Ela agiu apenas para ajudar e ser útil.

A parte louca é que essa empresa estava crescendo rapidamente e teria muitas oportunidades futuras para potenciais comissões. Como a outra corretora não estava disposta a colocar as prioridades do cliente em primeiro lugar e Chelsea estava, seu mindset de dar algo em primeiro lugar garantiu a ela essa empresa como cliente para os próximos arrendamentos. Essa foi sua recompensa por seu desejo inato de ajudar os outros e sua recusa em ficar ociosa como a outra empresa prestadora de serviços de baixa qualidade.

Outro exemplo da metodologia de dar em primeiro lugar envolvia ajudar um membro da família de um cliente. Clint Hardison, um membro fundador da Keyser, estava disposto a ajudar um cliente cujo filho precisava de um emprego. Clint levou um tempo considerável descobrindo o que o jovem queria fazer profissionalmente e depois o colocou em contato com várias empresas que estavam contratando para o cargo desejado por ele. Quando o jovem recebeu uma oferta de emprego e a aceitou, o cliente ficou cheio de gratidão pelo ato de serviço altruísta de Clint. Ele graciosamente escreveu a Clint uma carta de agradecimento sincero por isso. Fazer as recomendações iniciais não significaria que o filho do cliente conseguiria o cargo desejado, mas o ato significou muito para o pai do rapaz. Servir com altruísmo requer uma vontade de dar algo em primeiro lugar a outra pessoa.

Fazemos esse tipo de ação o tempo todo. Jim Sadler, um dos líderes mais antigos da Keyser, oferece seu tempo constantemente. Ele é um dos caras mais ocupados da empresa e passa uma quantidade significativa de tempo encontrando maneiras de oferecer de forma altruísta não apenas seu tempo, mas também sua experiência e seus recursos. É exatamente esse mindset que o torna bem-sucedido e um dos principais líderes da Keyser. Ele é sempre rápido em levantar a mão para ajudar ou oferecer a si mesmo.

Como corretores, nosso tempo é o bem mais valioso que temos e, ainda assim, os funcionários da Keyser disponibilizam generosamente seu tempo, energias, criatividade e recursos para ajudar os outros.

Uma cultura e uma fundação organizacional de altruísmo resulta em uma reputação de confiança, integridade e acessibilidade que as pessoas procuram. Deixar de lado a necessidade de ganhar financeiramente com toda e qualquer interação permite que você encontre alegria em servir aos outros a partir de um lugar mais profundo e humilde dentro de si. E essa alegria irradiará para a comunidade e crescerá como um fogo incontrolável.

PONTOS PRINCIPAIS

1. Não espere que outros o ajudem; pelo contrário, encontre uma maneira de dar algo a eles antes sem um interesse pessoal.
2. Contribuir antecipadamente ajuda todos a experimentar a alegria de dar, integrando a generosidade altruísta em seus próprios negócios. Em vez de esperar algo em troca, você estará se libertando e libertando os outros para dar coisas e servir aos outros.
3. Se você acha que está em uma prisão de ser agradável, pergunte-se: "Esta atividade está me trazendo alegria?". Se não, em vez de agradar, procure servir.
4. A recompensa de servir de modo altruísta é encontrada no ato de dar algo em primeiro lugar. Se você estiver tomando medidas para implementar essa metodologia e se sentir impaciente com o processo, retroceda e avalie onde estão suas motivações.
5. O modelo de serviço em primeiro lugar é mais do que uma nova maneira de fazer negócios. É um modelo de negócios que coloca o valor das pessoas e suas necessidades acima de tudo.

LIVROS PARA FOMENTAR O CRESCIMENTO

***Giftology* [A ciência do presente],** de John Ruhlin

Conheci Ruhlin por meio do Capitalismo Consciente e ele se tornou um amigo maravilhoso. Seu livro é fantástico. De maneira muito simples e prática, ele descreve como alavancar a generosidade altruísta como uma ferramenta para criar valor nos negócios. Repleto de dicas, este é um livro obrigatório para quem procura maneiras de encantar os clientes em potencial, clientes ou funcionários com presentes atenciosos e inesperados.

O conselheiro, de Bob Burg e John David Mann

Outra breve leitura em forma de parábola, este livro esboça as cinco leis para o Sucesso Estratosférico. Basicamente, Burg e Mann dizem que quanto mais você der em comparação com o que recebe, mais sucesso a longo prazo você terá. Conclusão: quanto mais você colocar os interesses dos outros em primeiro lugar, mais sucesso você terá.

PRINCÍPIO 8

CUMPRA SUA PALAVRA

"Nós sempre cumprimos os compromissos que assumimos... SEMPRE. As pessoas podem confiar em nós, pois fazemos o que prometemos, e quando vemos que não podemos, rapidamente deixamos isso claro. Nós cumprimos nossa palavra e, como resultado, o que falamos em existência realmente ocorre para nós."

VOCÊ

Não é comum encontrar pessoas que são conhecidas por cumprir sua palavra, fazendo consistentemente o que prometeram, mesmo que isso seja inconveniente ou as faça perder uma oportunidade maior. O padrão geral de hoje parece ser o oposto, com a maioria das pessoas considerando desnecessário fazer sempre o que prometeram, especialmente se tiverem uma desculpa "boa o suficiente" para não cumprir o combinado. Esse padrão inferior é tão prevalente hoje em dia que nos vemos aceitando-o, tanto por parte de nós mesmos como dos outros. Nós maculamos o significado de integridade, sabotando, por sua vez, nosso próprio sucesso.

Sobre esse ponto, já me disseram: "Mas, Jonathan, todo mundo faz isso! É assim que nossa cultura funciona. Ninguém mais faz aquilo que prometeu." Exatamente!

A verdade é que o impacto *interno* de não manter nossa palavra é ainda mais prejudicial do que as implicações externas.

Hardison me ensinou que a pessoa a quem minha palavra mais importa sou eu mesmo. Se eu não creio que vou fazer as coisas que me comprometi a fazer, nunca acreditarei que farei as grandes coisas que pretendo realizar no mundo. Tenho que desenvolver a disciplina de manter minha palavra para que, quando me comprometer com algo grande, eu cumpra e alcance esse grande objetivo para o meu próprio desenvolvimento.

Pense nisso: se nós mesmos não estivermos determinados a fazer sempre o que prometemos, e às vezes nem sequer achamos que queremos, ou encontramos desculpas porque não podemos, então perdemos nossa integridade pessoal e outros acreditarão menos em nós na próxima vez que dissermos que faremos algo. Assim, voltamos à prisão de ser agradável. É muito tentador dizer as coisas que um cliente gosta de ouvir, mesmo que não saibamos se poderemos cumprir as promessas feitas. Nosso objetivo na Keyser é mudar o mundo dos negócios e a única maneira possível é comprometendo-se totalmente a fazer o que prometemos. Aí reside a oportunidade de gerar crescimento próprio e desenvolver uma equipe de força inigualável, capaz de revolucionar nosso setor.

A VERDADEIRA INTEGRIDADE

Há uma série de definições da palavra *integridade*. Uma definição simples que eu gosto vem do Landmark Forum: "Integridade significa coerência entre o que sai da minha boca e o que meu corpo faz". Significa simplesmente fazer o que você prometeu fazer.

Ao começar a fazer escolhas sobre mudanças na minha vida, aprendi que a integridade, como definida antes, é o coração pulsante do serviço. Se eu não cumprir com minha palavra, meus clientes não vão poder confiar em mim. Se eu aparecer alguns minutos atrasado, eu plantarei sementes de dúvida na mente deles. Os clientes não podem confiar a mim suas grandes questões se não podem confiar a mim as questões menores.

Exemplos de falta de integridade não faltam: dizer que você comparecerá à festa de aniversário de alguém e inventar uma desculpa depois por não ter comparecido mostra que você não é confiável. Mostra também um padrão de pensar mais em si do que nos outros. Marcar uma reunião e depois remarcá-la três vezes, ou dizer que você participará de uma conferência telefônica e só ligar com 15 minutos de atraso, tudo isso mostra uma inconsistência interior, bem como uma falta de preocupação pessoal com os outros.

Quando li a obra clássica de Don Miguel Ruiz, *Os quatro compromissos*, aprendi que um dos compromissos que devo manter comigo mesmo e com todos os outros é *ser cumpridor da minha palavra*. Antes, essa ideia me parecia uma bobagem, mas agora significa tudo para mim (e eu ainda estou procurando evoluir). Também percebi que os efeitos duradouros da quebra de compromissos comigo mesmo e com os outros podem ser significativos e irreversíveis — e não devem ser subestimados. É difícil fazer algo grande no mundo se você e todos ao seu redor não acreditam nos "compromissos" que saem de sua boca. Para ter sucesso em manter meus compromissos de forma consistente, descobri que preciso ser *intencional*. Antes de reconhecer isso, não era raro eu ter três compromissos na minha agenda ao mesmo tempo e depois, trinta minutos antes do horário marcado, decidir qual deles eu estava com vontade de honrar.

Uma de minhas grandes alegrias agora é ver os resultados positivos em mim e nos outros enquanto faço o que prometi.

CULTURA DA EMPRESA

No passado, considerava limitador esse Princípio de sempre manter a sua palavra, porque eu o achava inflexível e sem aberturas para eventos inesperados. Agora o vejo como um princípio fundamental de comportamento responsável. Percebo que há momentos em que as coisas mudam, a vida acontece e o inesperado ocorre. Cheguei a reconhecer que eu, como uma pessoa livre e responsável, tenho o direito de mudar de ideia e assumir diferentes compromissos quando necessário. Quando isso acontece, o que não é muito frequente, eu esclareço o motivo imediatamente e cumpro o meu dever de assegurar que meus compromissos anteriores foram sempre cumpridos de forma responsável e estabelecidos com gentileza e integridade.

A integridade — manter a sua palavra — é essencial para o sucesso a longo prazo. Ela é desenvolvida ao longo do tempo, como um músculo, através do compromisso e da prática. Sua equipe inteira pode trabalhar nela em conjunto; na verdade, ela se torna uma atividade agradável quando feita em conjunto. Logo, a cultura de seu ambiente de trabalho refletirá o poder das promessas e das palavras cumpridas.

Quando Noah Barrasso, o líder de tecnologias emergentes da Keyser, se juntou ao nosso time, ele disse que estava acostumado a não receber coisas que lhe eram prometidas na antiga empresa. Um dia, mencionei casualmente que lhe traria uma garrafa de rum que eu havia comprado no Havaí. Na manhã seguinte, ele ficou completamente surpreso ao vê-la colocada em sua mesa. Depois de me ver mais algumas vezes mantendo minha palavra, Noah agora sabe que pode confiar em mim, e quando lhe digo que vamos mudar o mundo, ele crê nas minhas palavras.

SUA CULTURA COMO UMA FORÇA DISRUPTIVA

Queremos revolucionar o setor. Na verdade, queremos ajudar a revolucionar todos os setores. É por isso que nós da Keyser trabalhamos para "sermos aquilo que pregamos". Nossa equipe se destaca simplesmente por fazer o que prometemos. Qualquer empresa que opere segundo esse Princípio excederá as expectativas de seus clientes. Fazendo aquilo que prometeu, uma empresa ganha uma vantagem competitiva significativa no mercado. Quando as pessoas descobrem que podem acreditar que faremos o que prometemos, elas não temem confiar em nós. A confiança é a base das relações de longo prazo, significativas e lucrativas, e tudo isso começa com o cumprimento dos simples compromissos que assumimos.

Nós mantemos nossa palavra sobre as pequenas coisas e isso nos permite manter nossos compromissos sobre as grandes coisas. Nós estabelecemos confiança em nossas relações e, juntos, estabelecemos metas grandes e absurdas sabendo que as cumpriremos.

CLIENTES E COLABORADORES

Cumprir sua palavra, tenho certeza de que você já sabe, estende-se não apenas a seus colegas de trabalho e clientes, mas também a todas as suas interações e relacionamentos. Ao trabalhar com suas várias conexões de negócios, as pessoas querem ter certeza de que podem confiar em você para entregar aquilo que prometeu, quer isso signifique enviar o e-mail que você disse que enviaria até as 17 horas de quinta-feira ou trazer a cesta de frutas para a festa de arrecadação de fundos. Sua palavra é importante.

RESPONSABILIDADE

Cumprir o que prometeu é algo gigantesco. Se você tiver dificuldades com isso, não pense demais ou se deixe dominar pelo conceito. Comece com um item de cada vez e atenha-se a qualquer compromisso que você tenha assumido. Para facilitar, escreva uma mensagem para si mesmo, ou envie a si mesmo um e-mail, ou crie notificações em sua agenda para garantir que você se lembre de seus compromissos. Envolva outros em sua equipe para compartilhar técnicas que funcionem. Crie um sistema de apoio. Tome as medidas necessárias para ser o melhor em manter sua palavra.

Se você descobrir que não pode cumprir sua palavra, por qualquer razão, entre em contato com a pessoa com quem se comprometeu, seja um colega de trabalho ou um cliente, assim que souber que não conseguirá honrar seu compromisso. Essa convicção de cumprir sua palavra constrói uma relação de confiança. Esteja ciente de seus compromissos para garantir que você possa realmente fazer aquilo que prometeu.

O fundador da Keyser, Darius Green, ajuda a si mesmo a manter seus compromissos implementando uma estratégia que ele chama de margem. Margem significa dedicar tempo adicional a si mesmo como reserva para que ele possa chegar sempre no horário, mesmo que ocorram imprevistos.

CRIE MARGENS DE SEGURANÇA

Matthew Cummings enviou recentemente um e-mail às 23 horas e 56 minutos com os documentos que ele havia prometido até o final do dia. Ele não o enviou um minuto após a meia-noite — e sim antes da meia-noite, provando ao cliente que podia confiar na palavra dele. Isso pode parecer trivial para muitas pessoas, mas é uma grande questão para nós. Nós fazemos o que prometemos e se ele pensasse que não conseguiria cumprir o prazo, ele teria avisado assim que percebesse que não conseguiria.

Se você achar que subestima constantemente o tempo que levará para entregar um produto de qualidade a seus clientes, tente implementar uma margem de segurança em seu cronograma. Ao adicionar mais vinte por cento à data de conclusão estimada, você surpreenderá a maioria dos clientes ao entregar o que prometeu com antecedência. Se algo inesperadamente causar atraso, os vinte por cento a mais lhe fornecerão a margem de conforto necessária para ainda terminar o projeto dentro do prazo.

CRIE CONFIANÇA

Honestidade é outra palavra que é usada para expressar integridade. Honestidade é um componente crítico em qualquer ambiente de serviço ou vendas. Por exemplo, se você tem más notícias para dar a um cliente, diga a verdade. Você pode suavizar o impacto ao ter soluções potenciais identificadas para eles, mas os clientes precisam saber que podem confiar em você para dizer a verdade, não para ludibriá-los para seu próprio benefício.

FALSAS REALIDADES

No ramo imobiliário comercial, a transparência verdadeira é incrivelmente rara. Os corretores geralmente acreditam que "enrolar" clientes é aceitável a fim de mantê-los interessados até fechar negócio. Eles temem que más notícias possam prejudicar sua reputação e, em última instância, seus lucros. Assim, eles mistificam a verdade e criam falsas realidades, apenas para manter o cliente feliz e suas reputações incólumes. Esse estratagema é, no mínimo, tacanho. Para o sucesso sustentável a longo prazo, acredito que a verdade sempre prevalece.

Na minha opinião, más notícias informadas com antecedência são boas notícias, e más notícias informadas tarde demais são péssimas notícias. Dar notícias ruins assim que você estiver ciente delas gera confiança; esperar até que você possa "suavizar" as más notícias destrói a confiança. Já vi muitos corretores serem demitidos por tentar "proteger" clientes dos infortúnios. Nós da Keyser aprendemos que você obtém percepções positivas e confiança ao ser franco, mesmo com verdades difíceis.

Há algum tempo, Robert Harding, um de nossos profissionais em ascensão, estava nos estágios iniciais de atendimento a um novo cliente e prometeu uma série de entregas ao cliente até o final da semana.

Com o passar da semana e outras coisas interrompendo seus planos, tornou-se evidente que, provavelmente, não estaríamos prontos a tempo. Assim que ele percebeu que não conseguiria oferecer ao cliente os melhores resultados possíveis dentro do prazo, Robert entrou em contato e informou que estávamos um pouco atrasados. Em vez de ficar chateado ou frustrado, o cliente apreciou muito nossa honestidade, bem como nossa decisão de dedicar tempo extra para garantir que os materiais refletissem excelência. O resultado da honestidade de Robert foi a solidificação de nosso relacionamento com o cliente.

É claro que esse tipo de honestidade pode ocasionalmente fazer com que você perca clientes. Na minha experiência e opinião, no entanto, muitas vezes esses não são os clientes que você realmente deseja. É importante ser atencioso sobre quais compromissos você assume e até quando, para que você possa dar a si mesmo tempo suficiente para cumpri-los. Caso contrário, você estará sempre se esforçando para reestruturar seus compromissos, o que é desnecessariamente estressante.

A recompensa de ser honesto com seus clientes voltará para você em dobro. Você não pode afirmar que está a serviço se não estiver falando a verdade.

COMPROMETA-SE COM A FLEXIBILIDADE

Quando você estiver servindo as pessoas de forma verdadeira e altruísta, descobrirá que as necessidades às vezes ocorrem em momentos inoportunos. Comprometer-se a ser flexível é a única maneira de poder aproveitar essas oportunidades inesperadas. Isso não significa, é claro, que você deve estar à disposição de clientes muito necessitados, pois é importante proteger seu próprio tempo e manter sua sanidade. No entanto, um mindset flexível permite que você seja verdadeiramente útil quando alguém, de fato, tiver uma necessidade.

O ideal é que nossas relações com os clientes durem anos ou até mesmo uma vida inteira. Manter nossa palavra em acordos comerciais aumenta nossa probabilidade, em medidas exponenciais, de ganhar e manter essas relações de longo prazo. Uma pessoa íntegra e honesta consegue confiança e sucesso duradouros, tanto para seus negócios quanto para sua vida.

PONTOS PRINCIPAIS

1. Cumpra sua palavra. Faça o que você prometeu. Esse compromisso se baseia no princípio de assumir somente os projetos que você sabe que pode fazer com excelência.
2. Integridade é a consistência entre o que sai de sua boca e o que seu corpo faz.
3. Aceitar a desculpa de que "todos fazem assim" só contribui para a regressão de seus padrões pessoais e do valor da integridade. Revolucione as definições sociais cumprindo sua palavra.
4. Equilibre a proteção do tempo pessoal com a vontade de ser flexível a fim de atender às necessidades dos outros.
5. Defina lembretes para seus compromissos e mantenha uma boa comunicação com seus clientes.
6. Adicione uma margem de segurança a sua estimativa de datas de entrega para ajudar a contabilizar interrupções inesperadas e garantir entregas dentro do prazo.
7. Integridade, honestidade e flexibilidade andam de mãos dadas.
8. Construir confiança nas pequenas coisas mostra aos clientes que você pode fazer o mesmo com as grandes coisas.

LIVROS PARA FOMENTAR O CRESCIMENTO

Os quatro compromissos, de Don Miguel Ruiz

Este é melhor do que qualquer outro livro que li sobre o tema "cumprir sua palavra". O primeiro compromisso listado por Ruiz é o de ser impecável com sua palavra. Ele explica como é poderoso fazer aquilo que você prometeu, dizer apenas exatamente o que pretende falar e nunca usar sua voz para prejudicar os outros. Cumprir sua palavra permite que os outros confiem em você, o que é essencial para atingir seus grandes objetivos.

Responsabilidade extrema: como os Navy SEALs lideram e vencem, de Jocko Willink e Leif Babin

Usando os Navy SEALs como exemplo, este livro afirma que tomar posse de tudo o que está sob nossa responsabilidade é o poder máximo. Willink e Babin descrevem os benefícios definitivos de manter sua palavra — não culpando os outros quando as coisas dão errado, mas assumindo a responsabilidade por TUDO — e, como tal, ser o líder de confiança que os outros podem confiar e seguir.

PRINCÍPIO 9

DIVIRTA-SE

"Nós nos divertimos com o que fazemos e com os membros da equipe. Essa é uma missão da qual estamos entusiasmados por fazer parte e não aceitaremos um cliente, a não ser que seja divertido para todos os envolvidos. Nunca vale a pena sacrificar nossa felicidade, e por isso somos alegres e brincalhões em tudo o que fazemos."

VOCÊ

Enquanto estávamos reunidos, criando e refinando os Princípios Operacionais Fundamentais da Keyser, Ian Davie, membro fundador da empresa, disse: "Todos esses Princípios até agora têm sido tão sérios... Nós precisamos definir um voltado à diversão!"

"Isso é muito verdade", eu disse, e assim o Princípio 9 foi criado, lembrando-nos de continuarmos alegres e nos divertirmos com o que fazemos. Com tantos Princípios sérios estabelecidos, ele sabia que nós precisávamos ter certeza de que a alegria faria parte de nossa cultura. Ele estava certo, e hoje esse é um dos meus Princípios favoritos.

No Princípio 7, eu falei sobre uma das principais perguntas que nós encorajamos as pessoas a se fazerem: "Esta atividade está me trazendo alegria?" O ato de servir deve ser voluntário — não pode nunca ser uma exigência imposta por outrem. O serviço de uma pessoa deve ser autêntico, vindo do seu próprio coração, onde é divertido servir.

Como muitos desses Princípios, divertir-se é um mindset e é um espaço criado para uma pessoa operar a partir dele. Eu escolho me divertir, mesmo quando as coisas parecem intimidantes e assustadoras. Optar pela diversão e por ser alegre e brincalhão me ajuda a responder de forma mais efetiva ao que quer que seja o problema com o qual eu precise lidar naquele momento. Com o tempo, isso me permitiu realmente aproveitar a experiência de criar uma empresa e mudar o mundo em vez de sentir estresse e preocupação o tempo todo.

CULTURA DA EMPRESA

Nos negócios, ser eficiente não equivale a ser sério. O mindset do mau humor, de dizer "vamos lá, pessoal, levem isso a sério" gera uma cultura de funcionários temerosos e infelizes. Ser "sério" leva à depressão por conta de propostas fracassadas e ao desespero por negócios perdidos, juntamente ao sempre presente sentimento de culpa. Tudo isso cria um ambiente de trabalho sombrio e desagradável, em que os funcionários têm medo de seus chefes e de ir trabalhar.

DIVERTINDO-SE NO TRABALHO

Nós mantemos um espírito sempre presente de brincadeira e diversão em nosso ambiente de trabalho como parte vital de quem somos e do que fazemos. Nós integramos atividades sociais para nos encontrarmos e nos envolvermos uns com os outros, arremessando bolas de futebol e patos de borracha pelo escritório, realizando competições de pingue-pongue, golfe e videogame, e distribuindo prêmios malucos — geralmente nós somos um bando de idiotas. Nós temos uma liga de basquete da empresa, participamos de competições piegas, como concursos de agachamentos na parede e de flexões, trazemos comediantes como tradição de aniversários, e circulamos um daqueles rolos de tirar poeira e fibras de roupas como premiação por dizer algo que fez todos rirem.

A ORIGEM DOS PATOS

A Keyser teve um início humilde. No começo, nós compartilhávamos um espaço na parte de trás de um escritório de arquitetura. Alguém havia deixado um pato de borracha em nosso espaço. No início, começamos a jogá-lo pelo escritório entre nós, e depois o transformamos em um prêmio para a pessoa que dissesse algo que nos fizesse rir. Nós percebemos que gostávamos de arremessar o pato de borracha nos corredores, distante dos cubículos, assim conseguíamos brincar sem ferir ninguém ou quebrar as telas dos computadores.

Logo estávamos encomendando patos de borracha aos montes e passamos a utilizá-los para chamar a atenção uns dos outros, arremessá-los como bolas de basquete ou fazer "guerras de patos". Hoje ele é o nosso mascote oficial e uma representação visual da personalidade de nossa empresa.

O SIGNIFICADO MAIS PROFUNDO POR TRÁS DOS PATOS

DIVERSÃO: os patos de borracha servem para nos lembrar de nos divertirmos onde quer que a gente esteja. Enquanto agimos para refletir o que somos — os melhores do ramo — nos esforçamos para tornar cada experiência agradável e nunca nos levarmos muito a sério. Em um negócio tão intenso como o ramo imobiliário comercial, é sempre divertido ver as pessoas olhando maravilhadas para os patos em todos os lugares enquanto elas visitam nossos escritórios.

RELAXADOS E DESPREOCUPADOS ENQUANTO TRABALHAMOS: na superfície, os patos aparentam ser calmos, tranquilos e recolhidos, mas abaixo dela, eles agitam furiosamente suas pernas. Nós também queremos ser como os patos, independentemente do que estiver acontecendo ao nosso redor, enquanto trabalhamos duro para conseguir sucesso para nós mesmos e para os outros. Preocupações e problemas se distanciam de nós tal qual a água escorre das penas de um pato, e procuramos manter a serenidade em tudo aquilo que fazemos.

VERDADEIRO TRABALHO EM EQUIPE: se você já assistiu a patos voando em formação "V", sabe que é maravilhoso admirá-los. Os patos trabalham em equipe para preservar sua energia e, ao mesmo tempo, cobrem mais distância do que poderiam por conta própria. Eles demonstram que a verdadeira soma das partes é muito maior do que o todo e trabalham realmente em equipe.

LIDERANÇA ALTRUÍSTA: o pato líder tem o trabalho mais difícil. Não só deve definir o rumo e o ritmo, mas encontra a maior resistência ao vento. O pato líder encarna verdadeiramente a liderança servil e lidera com a ação. Esse é o Keyser Way.

ESFORÇO EXTRAORDINÁRIO QUE LEVA AO SUCESSO: se você já observou um pato levantando voo, deve ter ficado impressionado com o esforço que isso envolve. O voo exige um empenho semelhante ao sucesso por meio de um serviço altruísta.

AUTOAPERFEIÇOAMENTO: os patos constantemente fazem a muda de suas penas para remover parasitas, escamas e reaplicar o óleo à prova d'água em suas penas. Tal estilo de vida dos patos é um bom lembrete para que todos nós nos concentremos de forma consistente em nosso aperfeiçoamento.

Por todas essas razões e muitas outras, os patos estão muito próximos de nós e são respeitados na Keyser, e você os verá espalhados por nossos escritórios e em todos os nossos materiais. Os patos simplesmente nos lembram daquilo que é importante.

Veja os patos da Keyser em ação em:
www.ruthlessboook.com/vault.

Um dia entrei no escritório e encontrei Cooper Sutherland, um de nossos gerentes de projeto sênior, e Greg Leight, um de nossos principais membros da equipe, de cabeça baixa, concentrados em um projeto, parecendo estressados. Eu disse: "Parece que vocês *não* estão vivendo muito o Princípio 9 neste momento", o que, naturalmente, levou a arremessos de vários de nossos patos de borracha pela sala e a uma descontração significativa no ambiente. Quando você trabalha, você pode ficar intenso e sério, é claro, mas busque despreocupar-se com o que está fazendo e lembrar-se de sorrir e se divertir!

O estresse desliga a criatividade. Cada vez que você se preocupa e se estressa, isso torna a tarefa em questão muito mais difícil. Quanto mais intenso for um projeto, reunião ou situação, mais importante é, a meu ver, manter a tranquilidade. Nada costuma ser tão sério ou estressante quanto parece. Aborde seus negócios com o compromisso de ser feliz e produtivo, liberando sua mente do estresse para que você possa fazer a tarefa da melhor forma possível e se divertir fazendo-a. Qual é a pior coisa que pode acontecer?

Lembre-se de ser grato por tudo o que você tem e dê o melhor de si mantendo uma atitude positiva e o resto normalmente acontece como consequência.

Embora nós sejamos muito comprometidos e sérios uns com os outros, nossos clientes e a forma como agimos do ponto de vista comercial, como o fazemos é de um jeito alegre e divertido, sempre lembrando de aproveitar nosso tempo juntos como uma equipe.

CLIENTES E COLABORADORES

Como alguém pode se sentir positivo, esperançoso e ambicioso, e se mostrar otimista nas interações dentro da comunidade empresarial quando está constantemente com medo? Como uma pessoa pode correr riscos para ir além para os clientes quando sente a necessidade de ser excessivamente cautelosa, temerosa de que seu trabalho seja ridicularizado ou menosprezado? O ramo dos negócios já é intenso o suficiente. Quero que nossa equipe seja alegre e brincalhona em tudo o que faz. Se perdermos algum contrato, ótimo. Esse trabalho não era para nós. Os empresários tendem a levar tudo tão a sério e agem sob estresse durante a maior parte do tempo. Eu escolho olhar os negócios como um jogo e, como resultado, eles se tornam mais divertidos e nós ganhamos mais.

Queremos pessoas felizes, produtivas, que deem tudo de si e que sejam sérias em alcançar os melhores resultados para nossos clientes. Nós tornamos nosso trabalho divertido e nos recusamos a nos levar muito a sério.

RESPEITO E VALOR

Outro elemento importante desse Princípio é proteger nossa equipe contra o comportamento abusivo de clientes. Em um negócio altamente competitivo e orientado a serviços como o nosso, é comum que os clientes vejam seus corretores como uma mercadoria. Sabendo disso, estou ciente de que muitos clientes, parceiros ou colaboradores podem apresentar um comportamento indelicado, desdenhoso ou abusivo em relação aos corretores em nome de uma transação em potencial. Na Keyser, nós nos recusamos a trabalhar com parceiros ou clientes que pensam em nós como uma mercadoria, que nos maltratam ou tiram proveito de nosso espírito generoso.

Nosso primeiro compromisso é com nossa equipe. Nós dispensamos clientes que nos tratam mal ou não respeitam nosso valor e comprometimento. Nós escolhemos nossos clientes com base no alinhamento de missão e propósito em primeiro lugar, e rentabilidade em segundo. Em um setor impiedoso como o nosso, não faltam potenciais clientes que desejam encontrar uma equipe de corretores confiável e comprometida em atendê-los. Quero trabalhar para esses clientes em vez de desperdiçar o valioso tempo e energia da minha equipe com clientes que são egocêntricos, abusivos e desrespeitosos.

Aceitar um cliente, para nós, é algo feito intencionalmente e é sempre uma escolha. Nós trabalhamos com ele apenas enquanto houver respeito mútuo e apenas enquanto formos capazes de ajudar e agregar valor. Não temos um mindset desesperado de "precisamos fechar este negócio de qualquer maneira". Escolhemos propositadamente aqueles com quem vamos trabalhar e aqueles com quem não vamos. Isso mantém a diversão e a leveza.

NÃO É UM CONCURSO DE BELEZA

Como regra geral, raramente respondemos a pedidos de propostas (RFPs, na sigla em inglês). As RFPs tendem a ser como concursos de beleza altamente competitivos e insinuam até certo ponto que todas as corretoras imobiliárias comerciais são iguais. Essas guerras de licitação são feitas principalmente para encorajar os fornecedores a baixarem suas taxas até que haja pouquíssimo lucro, se houver algum. Este não é o tipo de negócio do qual queremos participar.

Portanto, exceto em ocasiões muito raras, nós nos recusamos a participar de concursos de beleza dessa natureza. Há muitas outras empresas por aí que estão dispostas a participar. De fato, é relativamente comum que os corretores se gabem de terem sido convidados a responder a uma RFP para "competir por um negócio". Nós não.

Quando nos encontramos presencialmente com potenciais clientes, em geral somos capazes de perceber muito rapidamente se somos ou não compatíveis com eles. Em vez de fazer uma apresentação, nós os conhecemos, ouvimos atentamente e fazemos um monte de perguntas para determinar se acreditamos que podemos ajudá-los. Depois que eles conhecem nossa equipe, abordagem e profundo mindset de serviço, se ainda não tiverem certeza de que querem nos contratar, é muito provável que nós não sejamos a corretora certa para eles. E tudo bem para nós.

Nossa equipe interna na Keyser compreende isso. Mark Leblanc, um profissional experiente da indústria varejista, esclarece bem isso: "Quando nos recusamos a assumir um cliente e a receita associada a ele porque ele não nos vê como um parceiro, economizamos nosso tempo e energia e somos capazes de criar uma relação comercial lucrativa com outra pessoa."

Quando os membros da equipe veem seus líderes dizendo não a oportunidades de negócios que possam causar abusos e trazer remunerações baixas, eles se sentem valorizados. Não temos que nos alinhar com todos os negócios que se apresentam e não temos que correr atrás de dinheiro. Há outras considerações mais importantes, tais como felicidade, realização, propósito e um ambiente de trabalho seguro e divertido. A melhor parte é que, recusando os clientes abusivos ou não lucrativos, nossos corretores podem ganhar mais dinheiro e eles estão mais felizes fazendo isso.

Por valorizarmos a escolha, qualquer pessoa de nossa equipe pode recusar um trabalho ou cliente sem medo de punição.

Sempre que algo no escritório está causando sofrimento — seja um cliente, um colaborador ou outro membro da equipe —, nós lidamos com isso *rapidamente*. Nosso objetivo é sermos leves e felizes em nosso negócio, tanto internamente (no escritório) quanto externamente (na comunidade empresarial).

ABUNDÂNCIA DE PARCERIAS

Um exemplo de como protegemos nossa cultura de diversão é que escolhemos ser inclusivos, não exclusivos, em nossas relações com parceiros e colaboradores. Percebemos que há muitas recomendações para aqueles que entendem o conceito de riqueza através do serviço. Acreditamos que as pessoas sempre indicarão os negócios àqueles que melhor os serviram. Por essa razão, podemos trabalhar com vários parceiros de referência dentro da mesma área, agregando mais valor a *todos* eles e nos divertindo enquanto fazemos isso.

No início de minha carreira, um proeminente advogado corporativo me apresentou voluntariamente a vários de seus principais concorrentes. Ele me mostrou que se importava mais em me apresentar a pessoas que pudessem me ajudar do que com a possibilidade de eu me referir a alguém que não fosse ele mesmo. Ele se preocupava apenas em *me* ajudar, sem se preocupar com seu ganho pessoal. Não surpreendentemente, ele continua a ser a pessoa que mais fatura de sua empresa e um dos maiores produtores do estado. Essas pessoas que colaboram abertamente são aquelas com quem gostamos de trabalhar.

Levar os negócios muito a sério, com o tempo, gera um mindset de cinismo e pessimismo. Todos nós conhecemos pessoas que se tornaram zangadas e amarguradas após anos de trabalho. Elas reclamam que o mundo dos negócios é brutal e perverso, e geralmente têm razão. Em contraste, nós optamos por tornar nosso ambiente de trabalho um lugar agradável tanto para os membros da equipe quanto para os clientes.

Com nosso foco na diversão e no prazer, encontramos a liberdade para sermos nós mesmos. Em sua empresa anterior, Matthew Cummings lembra como ele tinha cuidado com os e-mails enviados aos clientes porque se preocupava em ter problemas se dissesse a coisa errada, usasse o tom errado ou criasse a impressão "errada" com um cliente. Como membro da Keyser, ele consegue ser autêntico, falando sem medo de repercussões de uma forma que é confortável e natural para ele. Isso lhe permite falar a verdade com ousadia, o que cria relações mais próximas com o cliente, pois há uma autenticidade em sua comunicação que dá a seus clientes liberdade para serem também eles mesmos. Relacionamentos como os de Matthew são profissionais, mas parecem amigáveis porque são relaxados e divertidos. Eles são mais amizades do que conexões de negócios.

O divertimento permeia toda a nossa organização. O comprometimento de nos divertir com tudo o que fazemos, respeitando nosso próprio valor e recusando-nos a nos permitir ser maltratados nos dá a liberdade de sermos autênticos. Isso criou um ambiente de trabalho divertido e colaborativo. Como diz o empresário de sucesso, Richard Branson: "Eu não penso no trabalho como trabalho e na diversão como diversão. É tudo parte da vida."

PONTOS PRINCIPAIS

1. Pense sobre como se divertir mais onde quer que você esteja e com o que quer que esteja envolvido. Encontre maneiras de aproveitar seu tempo no trabalho e em casa — ambos fazem parte da vida. Por que desperdiçá-los?
2. Crie um ambiente divertido. Encontre maneiras de envolver e incentivar a equipe com jogos, prêmios e táticas para aliviar o clima quando o ambiente estiver improdutivo.
3. Não tenha medo de dispensar clientes que lhe tratam mal ou que não respeitam seu valor ou compromisso com eles. As relações com os clientes devem ser mutuamente respeitosas e agradáveis.
4. Escolha seus clientes com base no alinhamento de missão e propósito em primeiro lugar e rentabilidade em segundo.
5. Se alguma coisa no escritório estiver causando problemas ou mágoas, lide rapidamente com isso. Problemas assim podem se espalhar rapidamente dentro de sua equipe e podem prejudicar a cultura que você se esforçou tanto para construir.
6. Ser inclusivo, e não exclusivo, criará valor em suas relações com parceiros e colaboradores.
7. Permita às pessoas serem elas mesmas. A autenticidade criará relacionamentos que incorporarão um nível de amizade entre a equipe e seus clientes.

LIVROS PARA FOMENTAR O CRESCIMENTO

Super-Humanos, de Steven Kotler
Este livro descreve como a contemplação alegre e sem estresse produz uma criatividade extraordinária. Quando relaxamos, nos divertimos e nos esforçamos para cumprir uma missão pela qual somos apaixonados, alcançamos um novo nível de desempenho e maximizamos nosso potencial. Adoro como este livro enfatiza como viver alegremente no momento e alcançar a grandeza enquanto fazemos isso. Um livro semelhante é Roubando o fogo, de Steven Kotler e Jamie Wheal.

O jeito Harvard de ser feliz: o curso mais concorrido da melhor universidade do mundo, de Shawn Achor

Achor desmistifica a sabedoria convencional em relação ao trabalho duro e à felicidade. A sabedoria convencional diz que as pessoas devem trabalhar miseravelmente por 25 anos ou mais até alcançarem o sucesso e poderem finalmente ser felizes. Em contraste, o autor diz que a felicidade é o ponto de partida no caminho para o sucesso. Sua observação é que um mindset positivo consistente é essencial para alcançar o sucesso, seja nos negócios ou em qualquer outra área de nossas vidas.

PRINCÍPIO 10

AUMENTE SEU SUCESSO POR MEIO DO AUTOAPERFEIÇOAMENTO

"Nós investimos em nosso próprio aperfeiçoamento, buscando sempre uma maior consciência de nós mesmos, pois sabemos que, ao nos alinharmos com nossa verdadeira identidade e continuarmos focados em nosso propósito, o poder dentro de nós se manifestará e criará nosso maior potencial."

VOCÊ

A única coisa na qual sou viciado é o autoaperfeiçoamento. Isso porque sei que quanto mais eu me aprimoro, melhor me torno em tudo o que faço. Parece simples, mas o autoaperfeiçoamento é a melhor estratégia de sucesso a longo prazo.

Não é fácil, porém, e é por isso que tantas pessoas não o fazem. Isso exige que você olhe com sinceridade para dentro de si mesmo e assuma total responsabilidade por sua própria vida e situação. Há uma certa humildade e fortalecimento em se responsabilizar por tudo em sua vida, percebendo que o poder de mudar e melhorar está ao seu próprio alcance.

Algumas pessoas preferem ser vítimas e culpam outras pessoas, as circunstâncias, o clima ou Deus por situações em suas vidas que não gostam ou não compreendem. Nos tornamos, de fato, mais humildes quando finalmente percebemos que toda a infelicidade da vida — todos os nossos problemas, estresse no trabalho e problemas de relacionamento — *todos* eles existem porque nós permitimos e os criamos. Eles são o resultado de nossos próprios pensamentos, crenças, atitudes e escolhas pessoais.

Tomar consciência de atitudes ou comportamentos inadequados que temos e que estão afetando negativamente nosso desempenho é o primeiro passo para mudá-los. É preciso coragem e humildade para nos ver como realmente somos, mas fazer isso nos ajuda a identificar onde podemos melhorar e nos dá acesso a um maior desempenho, sem mencionar a alegria.

LIVROS PARA MUDAR A PERSPECTIVA

Uma ferramenta muito útil para o autoaperfeiçoamento é ler ótimos livros. A leitura expande a mente e transforma o seu pensamento. Com tantas distrações no mundo, encontrar tempo para dedicar-se à leitura é muito difícil. No entanto, ao assumir um compromisso intencional com a leitura e ao reservar tempo para isso, vai achar a ajuda muito necessária e muitos bons conselhos. Acho que é uma das formas mais rápidas de aprender as melhores práticas que de outra forma me levariam anos de tentativas e erros para conseguir.

A tecnologia moderna nos oferece muitas maneiras de tornar esse compromisso muito mais fácil. Temos audiolivros, vídeos do YouTube e podcasts para todos os tipos de leitura. Se por acaso você precisar de um ponto de partida, vá atrás dos grandes livros listados ao final de cada Princípio. Cada um deles está disponível em uma versão em áudio.

A maioria das pessoas bem-sucedidas também são exímios leitores. Quando encontrar pessoas cujo sucesso você admira, pergunte a elas os títulos dos dois livros que mais impactaram suas vidas. Confira por si mesmo. Além disso, ao escolher livros, não deixe de explorar tanto as obras mais antigas quanto os títulos atuais para dar a si mesmo uma boa mistura de sabedoria do passado e do presente.

A leitura é uma oportunidade de ouro para interagir profundamente com aqueles que trilharam este caminho antes de nós. Aproveito todas as oportunidades em que posso ler. Leio muito e sempre tento colocar rapidamente em prática o aprendizado que pode me ajudar. Eu maximizo essas oportunidades para melhorar a mim mesmo. Penso na leitura como um investimento em mim mesmo. Algumas pessoas podem pensar que os livros de desenvolvimento pessoal são entediantes ou um desperdício de tempo e energia. Mas pessoas que conquistam sucesso dedicam tempo e energia para fazer o que os outros consideram muito trabalhoso.

Cada livro que você lê expande seu pensamento e o ajuda a descobrir coisas sobre si mesmo que você talvez não tenha considerado antes. A leitura desafiará e mudará você. Tenho lido as histórias de muitas pessoas de sucesso e quase todas elas leram consistentemente bons livros, fizeram cursos de desenvolvimento pessoal e procuraram mentores em um esforço incansável para melhorar e crescer.

Minhas perguntas aos jovens que querem ter sucesso são: "O que você está fazendo para se desenvolver? Você procura ler bons livros e fazer cursos? Você põe em prática os bons conselhos que você recebe?" Esta, em minha opinião, é a melhor forma de prever o sucesso futuro.

Um livro que tem sido incrivelmente valioso sobre esse assunto é *Você* não é tão esperto quanto pensa, de David McRaney. Ele mudou minha visão de mim mesmo e de como eu interagia com os outros e me ajudou muito. Portanto, mesmo que você pense que está muito ocupado, reserve um tempo para ler; a leitura enriquecerá sua vida, e seus relacionamentos e empreendimentos comerciais também se beneficiarão.

CULTURA DA EMPRESA

Todos nós precisamos de mudanças em nossas vidas em algum nível, especialmente quando trabalhamos com uma equipe de pessoas que, embora tenham objetivos semelhantes, são simplesmente diferentes umas das outras.

É inútil fingir que somos perfeitos. Ninguém é. Não reaja a uma crítica como se ela fosse motivada por malícia e não se faça de vítima ou culpe todos os outros por seus problemas.

Para aqueles que realmente querem ser grandes, tudo em sua vida está sujeito a mudanças e a estar aberto para melhorias. Eu escolho — em vez de resistir — obter feedback dos outros ao meu redor. Quero saber em que posso melhorar para que possa me aperfeiçoar e ser mais eficaz.

Em vez de buscar o autoaperfeiçoamento, no entanto, muitas pessoas passam suas vidas criando uma barreira de proteção em torno delas, resistindo a entes queridos ou membros da equipe que são corajosos o suficiente para dar um feedback sincero. Como resultado, muitas pessoas passam a vida nunca mudando os mesmos comportamentos autodestrutivos que sabotam seu próprio sucesso pessoal e felicidade. Se escutassem os outros ao seu redor, perceberiam que deveriam mudar, melhorando, assim, drasticamente suas vidas.

Todos nós temos nossos "pontos cegos" e precisamos que outros os revelem para nós. Não ignore o feedback dos outros, mesmo que ele seja doloroso e pareça uma crítica ou um ataque pessoal. Não rejeite, ataque ou exclua de sua vida aqueles que lhe dizem a dolorosa verdade.

A maioria de nós tem um mecanismo automático de defesa interna que imediatamente lista em nossas mentes todas as razões pelas quais qualquer crítica cobrada é inválida. Nossa voz interior tem respostas prontas para todos os comentários negativos, e nós podemos rapidamente encontrar as razões pelas quais o que estamos fazendo não pode ser corrigido ou é correto e justificável. Racionalizamos dizendo a nós mesmos que quem critica faz ainda pior e não entende, ou não têm ideia de como é difícil para nós. Como resultado, perdemos a oportunidade inestimável de crescer.

Ouvir humildemente o feedback e depois aceitá-lo com gratidão e coragem nos permite descobrir coisas que talvez não teríamos visto sob outras circunstâncias. Com essa nova consciência, somos capazes de fazer as mudanças necessárias para crescer e criar novos níveis de sucesso. Isso é o que uma boa cultura empresarial proporciona. Um lugar seguro para todos ajudarem uns aos outros a se autoaperfeiçoarem sem medo de ridicularização, retaliação ou revanche. É uma das partes mais importantes da criação de uma cultura de serviço altruísta.

CURSOS PARA DAR PROFUNDIDADE

Além dos livros, há muitos cursos práticos que você pode fazer para ajudar a melhorar nas diferentes áreas de sua vida. Há workshops, fóruns executivos, meditação externa, cursos para pais, retiros espirituais, cursos financeiros... A lista de oportunidades é infinita. Como líder, pergunte-se: "Eu criei uma cultura de autoaperfeiçoamento e a modelei?". Vivemos em uma época em que a sabedoria e a perspicácia adquiridas por outros ao longo da história são acessíveis para nós com um toque em uma tela. Você está aproveitando esse acesso sem precedentes ao conhecimento ou está vivendo com a cabeça enfiada na areia, reclamando de como a vida é dura?

Antes de trabalhar na Keyser, Noah Barrasso havia estagnado em sua empresa anterior. Foi quando eu lhe dei seu primeiro livro de autoajuda, *Você é o autor da sua história*, de Steve Chandler. Hoje, ele afirma que isso o levou a se viciar em seu próprio crescimento pessoal. Ele iniciou a própria jornada de aperfeiçoamento pessoal e profissional lendo inúmeros livros e participando de programas de desenvolvimento pessoal. Através de seu aprimoramento pessoal, Noah cresceu como profissional e se tornou um incrível líder em nossa empresa. Ele agora vive os Princípios da Keyser assim como qualquer membro da empresa e é responsável por garantir, junto comigo, que nunca vamos perder nossa cultura especial.

CLIENTES E COLABORADORES

Parte de como eu sirvo as pessoas é ajudando-as em sua própria jornada de desenvolvimento pessoal. Já tive milhares de conversas com clientes, colaboradores e parceiros sobre assuntos pessoais. Já enviei milhares de livros de autoaperfeiçoamento de presente e vi muitos executivos sérios chorando em meus ombros sobre os diferentes desafios enfrentados por eles em suas vidas.

A única razão pela qual sou capaz de ajudar as pessoas com seu crescimento pessoal é porque passo muito tempo comigo mesmo. Percorro o caminho com elas e escuto constantemente a dor delas para poder encontrar maneiras de ajudá-las verdadeiramente nos níveis mais profundos.

COACHING

Também recomendo que qualquer pessoa que queira levar seu crescimento ao próximo nível contrate um bom coach de negócios. Essa escolha não é para todos. Um coach rigoroso irá desafiá-lo, forçá-lo e mostrar todas as imperfeições que você precisa superar a fim de alcançar seus objetivos.

RESPONSABILIDADE E INTENCIONALIDADE

Com esse passo, seja cauteloso e cuidadoso com as vozes que você ouve. Na minha experiência, muitas pessoas que não entendem sua visão e motivação tentarão inconscientemente desencorajá-lo à medida que você se torna mais bem-sucedido, particularmente as mais próximas. Elas normalmente não fazem isso intencionalmente, mas se as escutar, você nunca conseguirá atingir aquilo que você é capaz de atingir.

Escolha as pessoas que realmente *colocam em prática* os conselhos que oferecem e que têm a vida ou o sucesso que você quer, e as escute. Não dê ouvidos a pessoas que não amam suas vidas e que passam seu tempo reclamando.

Quando comecei a estruturar meu negócio, me foi dito repetidamente que o que eu estava fazendo não ia funcionar. É extremamente difícil para qualquer um continuar quando está sempre ouvindo comentários desestimulantes — a menos que você esteja bastante comprometido e encha sua mente com as fontes certas, como livros, podcasts, treinamentos e outras formas positivas de informação. Ter um coach me ajudou muito, me encorajando a cada semana e me mantendo responsável. Ele me ajudou a pensar nos desafios à medida que eles surgiam e a manter viva minha esperança e seguir em frente.

Um bom coach fará o mesmo por você. Encontrar o profissional certo é fundamental e desempenhará um papel importante na definição de seu futuro. Aqui estão algumas dicas para que você siga na direção certa.

1. Procure em sua área pessoas que estão fazendo coisas na vida que você admira e que estão alcançando um sucesso extraordinário. Pergunte-lhes quem foram seus mentores. Quanto mais você faz essa pergunta às pessoas de sucesso que você conhece, mais pode ouvir os mesmos nomes repetidas vezes. Esses são os coaches e mentores talentosos em sua área, com os quais vale a pena procurar auxílio.
2. Escolha um coach com sabedoria. Um coach vai definir seu mindset. Seja prudente ao decidir a quem você vai dar esse imenso poder. Escolha alguém que encarne o que você deseja se tornar.
3. Faça pesquisas. Faça entrevistas. Certifique-se de que você está alinhado com a perspectiva e abordagem dos coaches em relação à vida. Olhe para os outros clientes deles e veja se eles têm os resultados que você quer em sua vida.

Uma vez que você tenha escolhido o coach certo, esforce-se para se tornar totalmente treinável. Isso não será fácil. Seu coach pode dizer coisas que parecem injustas, críticas, ou que talvez até machuquem seus sentimentos. Palavras duras vindas de uma pessoa de confiança permitem que você faça as mudanças necessárias e desejadas. Pergunte-se o quanto você quer ouvir a verdade e realmente mudar. Obrigue-se a ouvir atentamente as críticas e instruções. Adote uma atitude não defensiva e absorva a verdade para si mesmo.

Ser treinável elimina o desperdício de tempo e dinheiro, e mantém você humilde. Determine-se a sair de cada reunião com seu coach com três coisas: um plano de ação para fazer a mudança desejada, um método de responsabilização e a determinação de executar o plano.

À medida que você se orienta, através da prática com seu coach, a estar mais aberto ao feedback, você também verá sua mente abrindo-se gradualmente para a inestimável ajuda de outros e terá uma postura menos defensiva de tal modo que você ainda não havia vivenciado.

Esse processo pode ser lento, doloroso e trabalhoso, apesar de seu profundo desejo de melhorar. A transformação pessoal não é algo fácil. Na maior parte do tempo, você dará três passos para frente e dois para trás. Com o tempo, os conceitos começarão a se sedimentar e você vai começar a experimentar a mudança que deseja.

Falando por experiência própria, posso dizer que quanto mais me permitia ser orientado por um coach, mais começava a descobrir por que algumas áreas de minha vida não estavam dando certo e por que eu não era tão eficaz quanto desejava ser. Quanto mais escutava e adotava as recomendações de meu coach, mais eu continuava a melhorar. Se você se permitir ser orientado, experimentará o mesmo.

Ter um coach também pode ajudar você a manter uma perspectiva ajustada. Bons coaches podem vê-lo de forma objetiva e o lembrarão, quando necessário, que retrocessos intermitentes são parte do progresso positivo desejado. O feedback deles é inestimável se você for incansável em seu desejo de crescer.

Muitas pessoas que contratam um coach pessoal na verdade dobram ou até triplicam a própria renda. Eu vi isso acontecer com pessoas que conheço. É difícil ser vulnerável, mas as melhorias pessoais afetam significativamente o sucesso de nossos esforços comerciais.

Quando jovem, Blake Hardison resolveu "subir para o próximo nível" e decidiu contratar seu pai, Steve Hardison, para orientá-lo. Como você sabe pelo que leu anteriormente sobre minha experiência com ele,

Hardison trabalha com CEOs, atores, atletas e líderes de pensamento de todo o mundo. Steve cobrou de seu filho a mesma quantia por esse treinamento que ele cobraria de qualquer outro cliente na época. Ele não fez isso porque precisava do dinheiro; ele o fez porque queria que seu filho tivesse o mesmo nível de alto comprometimento que os outros clientes demonstravam. Blake levou o treinamento a sério e, depois de terminarem o trabalho juntos, ele já havia dobrado sua renda e estava preparado para o crescimento exponencial e o sucesso no futuro.

Os coaches irão ajudar você a desenvolver um mindset de melhoria constante. Lembre-se, esse é um processo vitalício para você e para quem trabalha em sua empresa. O crescimento pessoal é um mindset, não uma decisão de um dia para o outro com resultados imediatos. Comprometa-se com ele, nunca desista, e seu sucesso aumentará por causa disso.

PONTOS PRINCIPAIS

1. Seja intencional e incansável com seu autoaperfeiçoamento — leia livros, participe de programas de desenvolvimento pessoal e procure o feedback de outros para saber como você pode melhorar.
2. Aceite as críticas com coragem e humildade. Assuma a responsabilidade de se tornar o melhor que você pode ser. As chaves do sucesso estão sendo oferecidas gratuitamente na forma de feedback dos outros.
3. Aceite suas imperfeições e esteja disposto a ser vulnerável. Ao fazer isso, você deu os primeiros passos para ser treinável e se tornar um ativo vital e maleável para sua equipe.
4. Considere o investimento inestimável de uma parceria com um coach. Encontre um profissional que compartilhe seus valores, conheça sua área ou setor, e que tenha um histórico comprovado de treinamento de pessoas bem-sucedidas, pode ajudá-lo a chegar ao próximo nível.

LIVROS PARA FOMENTAR O CRESCIMENTO

Reinventando a si mesmo, de Steve Chandler

Este é um dos melhores livros que me ajudaram no meu caminho de autoaperfeiçoamento. Já li inúmeras vezes e o que ele faz de melhor é mostrar a diferença entre um mindset de vítima e um de dono. Ao assumir a responsabilidade pelos problemas de sua vida e tomar medidas para mudar seu comportamento, você pode avançar em sua jornada em direção ao sucesso pessoal e empresarial. Este livro mudou a vida de muitas pessoas, incluindo a minha.

As 3 leis do desempenho: reescrevendo o futuro de seu negócio e de sua vida, de Steve Zaffron e Dave Logan

Para qualquer pessoa interessada no autoaperfeiçoamento, esta é uma leitura obrigatória. Os autores descrevem três leis de desempenho que, quando aplicadas, vão libertar uma pessoa do que a impede de atingir o sucesso e elevar suas realizações a níveis jamais sonhados antes. Este é um livro que você precisa ler mais de uma vez. Recomendo voltar nele mais ou menos uma vez a cada 18 meses. Há tanto conteúdo aqui que quanto mais você evolui, mais você aprende com cada nova leitura.

PRINCÍPIO 11

TRATE SEUS FUNCIONÁRIOS COMO SE ELES FOSSEM DA FAMÍLIA

"Somos uma família e sempre nos protegemos e servimos uns aos outros. Com amor, nós nos responsabilizamos uns pelos outros por meio de discussões autênticas, sinceras e amáveis. Somos intensamente leais uns aos outros e amamos e cuidamos sempre de cada membro da equipe simplesmente porque eles são como nossa família."

VOCÊ

Ser capaz de convidar pessoas para um relacionamento requer confiança — algo que não se estende facilmente a muitas pessoas, especialmente em um ambiente de trabalho. Em grande parte, há um paralelo entre convidar pessoas para seu "círculo familiar" fictício e aceitá-las em sua própria família. Amar e servir as pessoas é a própria base pela qual a confiança é construída, seja dentro de sua própria família ou da família que você forma dentro de sua empresa.

Em poucas palavras, a escolha sobre quem você considera e trata como da família é sua.

O que realmente quero é ver *todos* dentro da minha empresa como se fossem membros da minha família. Eu faço isso por uma razão muito simples: ninguém vai se sentir como parte da família dentro de uma empresa a menos que os líderes os tratem como tal; e como líder você terá dificuldade em tratar as pessoas como família a menos que as *veja* como tal. Assim, como líder, criar uma cultura familiar começa com você e sua vontade de estender sua visão de família a todos em sua empresa.

CULTURA DA EMPRESA

As pessoas anseiam por camaradagem e querem ser amadas e aceitas. Elas querem acordar pela manhã sabendo que fazem parte de algo especial.

Para alguns, pode não parecer natural pensar nos colegas de trabalho como parte da família, mas para nós é um elemento crítico de quem somos. Nós nos amamos e respeitamos uns aos outros, e também trabalhamos juntos em direção a um objetivo comum — dois componentes vitais que nos conectam com um forte vínculo.

COM BASE NA CONFIANÇA

Os profissionais que vêm até nós de outras corretoras imobiliárias comerciais acham que a cultura da Keyser é uma mudança revigorante. Trata-se de um ambiente baseado na confiança. Quando novos corretores começam aqui, é dito a eles: "Você agora faz parte da família." Isso não significa que eles tenham que ficar conosco para sempre, é claro. Mas uma vez que se juntam à nossa equipe, eles e suas famílias se tornam nossa família. Além disso, o vínculo é permanente, não importa se eles ficam por muitos anos ou se têm que partir dentro do primeiro ano. Nós estaremos sempre aqui para eles.

CRIANDO LAÇOS COMUNS

Uma das melhores maneiras de criar uma atmosfera familiar é fazer isso logo no início e ter muito cuidado com quem você soma à sua equipe. Parte do que faz a Keyser se parecer com uma família é que nosso processo de contratação está inteiramente focado em garantir que todos que contratamos se sintam incluídos. Portanto, nós nos certificamos de que todos que contratamos compartilham nossa missão de mudar o mundo dos negócios por meio de um serviço altruísta. Todos nós temos diferentes origens e crenças, mas todos compartilhamos este vínculo comum, e isso nos torna uma família.

Como não punimos os erros quando eles ocorrem (Princípio 3), o vínculo entre nossos membros é ainda mais forte. Esse "vínculo familiar" nos permite responsabilizar uns aos outros com sinceridade e de forma gentil por ter nossos objetivos e Princípios em mente. Nunca precisamos "pisar em ovos" ou suavizar nossos comentários.

ATRAÇÃO PARA NOSSA EQUIPE

Chelsea Austin deixou o setor imobiliário comercial anos atrás por causa da cultura de uma empresa anterior. "Eu havia escolhido o subsetor médico de nossa área porque queria sentir que estava ajudando as pessoas a ter acesso ao atendimento médico. Infelizmente, a cultura na outra corretora era mais voltada para o dinheiro e as comissões do que para ajudar pessoas. Me senti tão marginalizada que parti para outra linha de trabalho. Só quando soube da Keyser e me encontrei com eles para ver o que estavam fazendo é que me empolguei novamente para seguir na área. Depois de me juntar à empresa e conhecer a equipe, senti que finalmente tinha encontrado minha família profissional. É uma família de apoio e energia que não existe em nenhum outro lugar no mundo das corretoras."

Mike Hirth, um veterano do setor, antes possuía e operava sua própria corretora, mas se juntou à Keyser porque amava os Princípios Operacionais Fundamentais e sempre sentiu que faltava algo ao atuar por conta própria. "A Keyser se parece com uma família porque uns apoiam os outros", afirmou Mike. "Isso é muito incomum em corretoras tradicionais. É um segmento onde há muitas traições entre as empresas e dentro delas. Na Keyser, no entanto, há uma sensação de tranquilidade, sabemos que você pode confiar em todos e ninguém jamais o desonrará. Além disso, nós nos divertimos genuinamente uns com os outros por causa dessa confiança."

Como líder, você vai querer criar uma cultura familiar no trabalho. Você pode facilitar um ambiente familiar não apenas por meio de passeios, jogos e tradições da empresa, mas também ao decidir intencionalmente criar um ambiente onde todos se sintam seguros, bem-vindos e felizes. Examine a dinâmica e as relações em suas próprias equipes. Todos sentem que têm a confiança uns dos outros? Todos se apoiam mutuamente? O que você pode fazer para fomentar mais confiança?

Em muitos ambientes de trabalho, as pessoas são maltratadas, punidas quando cometem erros, exploradas ou usadas para promover os interesses de outra pessoa.

Isso faz com que as pessoas não se sintam à vontade para compartilhar dificuldades e inseguranças. Aqui na Keyser, os membros da equipe sabem que estão em um lugar seguro. Nenhum de nós é perfeito; estamos todos aqui para ajudar e apoiar uns aos outros.

APOIANDO INTERESSES

Parte de se sentir da família inclui reconhecer que todos nós temos interesses além do trabalho e servir uns aos outros na busca por essas paixões. O membro fundador da Keyser, Ian Davie, adora pintar e nós o incentivamos a tirar tempo do trabalho para isso. A receita caseira de um molho do membro da equipe de varejo, T. J. Brewster, que ele trazia para Keyser de tempos em tempos, era tão boa que pagávamos para que ela fosse produzida. T. J. ficou entusiasmado em ver sua receita caseira se tornar um produto comercializável e agora nós o usamos para dar de presente aos clientes.

COMPARTILHANDO DIFICULDADES COM COMPAIXÃO

Em algum momento, tivemos um agente na Keyser que, do nada, começou a apresentar um desempenho abaixo do esperado e cujo atendimento tornou-se irregular de repente. Normalmente, em qualquer outra empresa, alguém agindo dessa forma teria sido repreendido e seu emprego estaria em jogo. Mas não é assim que fazemos as coisas aqui. Nós cuidamos uns dos outros.

Eu o chamei para conversar em particular. Nós nos reunimos numa sala tranquila e ele imediatamente começou a pôr tudo para fora. Sua esposa tinha ficado gravemente doente e ele estava tentando arcar com as contas médicas, cuidar das crianças e ficar em dia com seu trabalho. Ele estava estressado por questões financeiras e toda a situação o estava exaurindo. Dei um abraço nele, disse-lhe para tirar o tempo pessoal necessário para cuidar de sua parceira e lhe ofereci uma quantia para ajudá-lo a se recuperar.

Nós somos uma família e cuidamos uns dos outros. Nós nos preocupamos com cada um dos membros de nossa equipe. Ele ainda precisava levar seu trabalho a um nível aceitável, mas ele sabia disso, e o que ele realmente precisava naquele momento era de um pouco de amor e apoio, e foi exatamente isso que ele conseguiu.

Nós amamos cada membro de nossa equipe como se fôssemos da mesma família. Quando alguém se mete com um de nós, está se metendo com todos nós. Eu vou proteger e servir minha equipe a todo custo. Cada membro sabe que toda a nossa equipe o apoia, e isso o liberta para operar em paz e com confiança. Somos uma família e protegemos e cuidamos de cada membro.

CLIENTES E COLABORADORES

Quando você trata sua equipe como família, ela também se torna muito mais propensa a tratar clientes, colaboradores e a comunidade empresarial como da família. É difícil de evitar e isso leva a relacionamentos extraordinários e a níveis de serviço ao cliente que nunca teriam sido possíveis em uma empresa com uma cultura individualista.

Bem legal, certo?

Considere promover eventos que reúnam sua equipe e clientes fora do ambiente profissional. Na Keyser, organizamos um churrasco anual onde podemos nos reunir com nossos clientes e suas famílias para um almoço agradável, com muita diversão e bate-papo.

Encontre maneiras de se conectar com seus clientes fora do ambiente de negócios. Não apenas essa cultura familiar será sentida dentro de sua empresa e sua equipe, mas também será visível aos clientes, colaboradores e à comunidade para a qual você oferece assistência e parceria.

Conclusão: trate sua equipe como família e eles tratarão seus clientes como família, e você terá tanto funcionários quanto clientes que amam sua organização e não querem abandoná-la.

PONTOS PRINCIPAIS

1. Aceitar os colegas de trabalho em seu "círculo familiar" pode ser difícil, pois requer confiança. Permita que o espírito de serviço altruísta oriente suas ações.
2. Construa uma cultura de confiança e respeito que crie um ambiente de segurança e amor.
3. Tenha uma responsabilidade amorosa por sua família do trabalho. Reconheça quando um membro de sua equipe tem uma necessidade ou está enfrentando uma dificuldade e tome medidas para oferecer apoio.
4. Ame e respeite os outros enquanto trabalham juntos para um objetivo comum. A contratação de pessoas que compartilham esses valores e objetivos ajudará a garantir que o espírito de família prevaleça.
5. Valorize e proteja cada membro de sua equipe. Não deixe de lembrar a importância da confiança, da família e do apoio entre os membros da equipe.
6. Criar uma cultura de serviço começa com você, como líder, estando disposto a tratar sua equipe como família, que por sua vez trata seus clientes como tal.

LIVROS PARA FOMENTAR O CRESCIMENTO

O amor é a melhor estratégia, de Tim Sanders

Eu amo este livro. Esta é uma leitura prática sobre como amar verdadeiramente as pessoas e se tornar indispensável. Se você seguir os Princípios deste livro, você se tornará um recurso do qual as pessoas não podem prescindir, e elas o amarão como se você fosse da família e torcerão por seu sucesso. Neste livro, os caras legais não terminam em último — eles terminam em primeiro!

Multiplicadores: como os bons líderes valorizam você, de Liz Wiseman

Este é um livro surpreendente e de fácil leitura. Repleto de conteúdo, mas simples de entender, descreve uma estratégia de sucesso ajudando outros a se tornarem bem-sucedidos. Um líder que faz isso é chamado de multiplicador, que é alguém que usa seus conhecimentos para ampliar as capacidades das pessoas ao seu redor. Wiseman desafia seus leitores e os ajuda a aprender como se tornarem multiplicadores.

PRINCÍPIO 12

SEJA CEM POR CENTO TREINÁVEL

"Nós somos cem por cento treináveis. Não oferecemos resistência ao feedback, nunca ficamos na defensiva e olhamos profundamente para dentro de nós mesmos para identificar onde a 'crítica' poderia ser verdadeira, mesmo que parcialmente. Encontramos grande valor na perspectiva dos outros e estamos totalmente comprometidos com o consenso da equipe."

VOCÊ

Ser cem por cento treinável é um dos princípios mais difíceis de dominar, mas é também um dos mais importantes. Como líderes, muitas vezes temos a percepção equivocada de que devemos agir como se nunca cometêssemos erros e como se soubéssemos de tudo.

Particularmente, eu discordo totalmente dessa ideia. O que me torna um bom líder é minha disposição de dar poder a todos para me darem suas opiniões sinceras sobre como eu poderia melhorar. Parece muito simples, mas, nossa, como é difícil. Parte do que torna a cultura na Keyser tão especial é meu próprio comprometimento pessoal de viver os Princípios. Isso significa que quando eu saio da linha, não só permito que outros membros da equipe me avisem, como peço que façam isso por mim!

A "treinabilidade" é a chave para se tornar o melhor profissional possível. Se sua equipe não tiver o poder de lhe dizer a verdade sobre seus defeitos, você nunca se tornará um grande líder e nunca criará uma cultura fantástica. A mudança que você busca em sua organização começa com sua vontade de aceitar as duras verdades sobre suas próprias deficiências e fazer as mudanças necessárias.

UMA ESPADA DA VERDADE

Quando eu era criança, li uma série de ficção científica sobre um mundo imaginário com uma espada mágica chamada *A espada da verdade* escrita por Terry Goodkind. Essa espada mágica era a arma mais poderosa deste mundo. Quem pudesse empunhar a espada seria todo-poderoso e poderia derrotar o mal. Inúmeros indivíduos haviam tentado encontrar e tomar a espada para si, mas ela era muito poderosa e matou todos eles.

Enfim, o herói desta história faz uma longa jornada para encontrar a espada. Ele finalmente chega ao castelo, luta com dragões e hordas de vilões, e eventualmente chega à sala onde a espada está guardada. Ele estende a mão para empunhar a espada...

Agora, a razão pela qual foi chamada a Espada da Verdade é que, no momento em que você empunhava a espada, você se via como realmente era, sem as mentiras ou histórias falsas que acreditava sobre si mesmo. Pela primeira vez, nosso herói, quando empunhou a espada, "encontrou" seu verdadeiro eu com todas as suas falhas. Essa constatação nua e crua havia sido tão chocante para quem havia tentado empunhar a espada que todos morreram.

No entanto, nosso herói segura a espada, se agarra à estimada vida e aceita e deixa de lutar contra a verdade sobre si mesmo. Ao aceitar a dolorosa verdade, ele se torna a pessoa mais poderosa da terra, salvando o mundo do mal.

Você tem que se perguntar se você é esse herói. Você se esforça para empunhar essa Espada da Verdade e aceitar as realidades dolorosas de quem você foi e de quem é agora? Somente através do reconhecimento, depois da aceitação e, finalmente, da transformação podemos ir além disso para criar uma nova história e um novo legado.

AJUDA PARA ENXERGAR

A abertura ao feedback dos outros nos ajuda a identificar pontos cegos e nos permite fazer mudanças.

Muitas vezes, no entanto, recebemos feedbacks que nos parecem injustos e imprecisos. Nessas ocasiões, devemos examinar calmamente o que foi dito para determinar se alguma parte disso poderia ser verdade. Se as críticas forem um por certo verdadeiras, agradeça; mude esse um por cento e ignore o resto.

Mas tenha cuidado, pois sua mente está pré-condicionada a rejeitar o feedback e encontrar razões pelas quais o retorno dos outros está "errado". Se alguém lhe oferecer um comentário construtivo que você acha que não é verdadeiro a seu respeito, pergunte a algumas outras pessoas em quem você confia e faça-as jurar de antemão dizer-lhe a verdade. Acredito que você descobrirá que muitas das críticas que você recebe têm um fundo de verdade, mas é ao encontrar esses pontos cegos que as maiores oportunidades de transformação se revelam.

Hardison foi fundamental para me ajudar a quebrar a ilusão de pensar que eu era um cara altruísta só porque meu modelo de negócios girava em torno de ajudar os outros. Ele conseguiu me fazer ver que minha prática de serviço era uma tática que manipulava as pessoas a sentirem que me deviam algo.

> Ouça-me falar sobre minha experiência com Steve Hardison em: www.ruthlessbook.com/vault.

Essa foi uma verdade difícil de aceitar, mas estou feliz por tê-la aceitado porque me levou a mudar de opinião e me abriu as portas para um sucesso muito maior.

Quanto mais eu evoluo, mais percebo o quanto tenho ainda a aprender. Eu agora consigo apreciar a ajuda que Hardison me deu para perceber meus próprios desarranjos.

CULTURA DA EMPRESA

Na Keyser, todos estão abertos a orientar todos, e cada um tem a oportunidade de ensinar uns aos outros. Estamos abertos a receber feedback de qualquer membro da equipe, que apoia nossa intencionalidade em aprender e crescer como indivíduos. Ao olharmos uns para os outros, somos capazes de encontrar maneiras de melhorar e ver onde estão nossos pontos fortes a partir de uma perspectiva mais pessoal. Por mais que uma nova compreensão possa ser dolorosa, somos gratos quando identificamos um ponto cego em nós mesmos, pois expande nossa consciência e nos aproxima de atingir nosso potencial máximo.

CORAGEM PARA DISCORDAR

Também é surpreendente o quanto você pode aprender com críticas ou conselhos não solicitados. Aprendi a ouvir com o coração aberto às sugestões dos outros em vez de resistir ou presumir que sei o que é melhor.

Isso requer coragem então, por isso, eu dou o Prêmio Coragem para Discordar quando um dos membros de nossa equipe aponta algo sobre mim que não está em alinhamento com os Princípios de nossa empresa. É algo transformador poder encorajar os colegas de trabalho a serem corajosos o suficiente para me avisar se uma mudança é necessária. Isso acontece regularmente e eu sou sempre grato por isso, especialmente quando isso mais dói.

No ano passado, no evento de Halloween da nossa empresa, um cara que estava parado perto de mim bateu, do nada, no meu braço tentando ser engraçado, e derrubou minha bebida. Embora eu não tenha sido fisicamente agressivo, fiquei irritado e gritei com ele, dizendo para ter mais cuidado. Mais tarde naquela noite, quando a equipe estava cantando no karaokê, um novo funcionário veio falar comigo. Ele disse: "Quero falar com você sobre sua reação mais cedo quando aquele cara derrubou sua bebida. Eu esperava mais de você e acho que aquela atitude está abaixo do que você é." Ele continuou: "Normalmente, eu não diria isso ao CEO da empresa, mas você criou um ambiente no qual eu me sinto confortável em vir falar isso contigo. Isso faz com que eu me sinta bem."

Na reunião seguinte da equipe, pedi a ele que se levantasse e dei-lhe o Prêmio Coragem para Discordar, recebido sob uma forte salva de palmas. É disso que se trata ser treinável. Eu preciso ser treinável se espero que minha equipe faça o mesmo. Tudo começa com o líder.

DESCOBRINDO O INESPERADO

A outra coisa legal sobre a "treinabilidade" é que você recebe um monte de bons conselhos!

Se você estiver disposto a ouvir os outros em sua equipe, descobrirá, como eu descobri, que eles são um tremendo recurso para boas ideias.

Ruth Darby, uma líder sênior da Keyser, agregou um valor significativo à nossa empresa porque ela está sempre disposta a me dizer como eu posso fazer algo melhor ou como a empresa pode melhorar.

Um dia, pedi a ela que escrevesse no quadro toda e qualquer coisa que poderíamos fazer melhor. Ela escreveu até não poder mais. Eu implementei as coisas que faziam sentido e fiquei muito grato pelo seu feedback sincero. A maioria das pessoas reprime a opinião sincera, o que limita a capacidade de escalar de sua organização. Quero conhecer todas as áreas em que podemos melhorar para que possamos atingir nossos objetivos como organização.

Mudar seus comportamentos negativos não é tão difícil quanto você pensa; entretanto, identificar a necessidade dessas mudanças e ser humilde o suficiente para aceitá-las é difícil. Abordar os pontos cegos apontados por outros aproximará você de se tornar seu melhor eu e você será capaz de transformar mais oportunidades em sucessos.

VEJA MAIS COM A AJUDA DE UM MENTOR

Como discutido anteriormente, ter um mentor ou coach poderia ajudá-lo a identificar seus pontos cegos, mas eles só podem ser úteis se você for aberto e treinável.

A "treinabilidade" é tudo. Parte de ser treinável é ser verdadeiro com seu mentor para que ele possa efetivamente ajudá-lo. Muitas pessoas têm dificuldade com isso. Elas querem fingir que não têm problemas e que tudo é perfeito. A realidade é que somente se você for autêntico, vulnerável e transparente seu mentor será capaz de ajudá-lo a enfrentar as barreiras que estão no seu caminho.

DESAFIOS DA "TREINABILIDADE"

Às vezes, criamos desafios específicos dentro de nosso ambiente de trabalho para orientar e incentivar uns aos outros. Um desses desafios é o Desafio da Positividade. Na Keyser, definimos *positividade* como falar apenas aquelas coisas que são afirmativas e encorajadoras em vez de reclamar ou atacar os outros. É impressionante como as pessoas falam de forma negativa, muitas vezes sem se darem conta. Ao ajudar uns aos outros a falar positivamente, todos crescem juntos e a cultura do ambiente de trabalho se torna muito mais positiva e otimista.

Como mencionado antes, a vulnerabilidade e a "treinabilidade" andam de mãos dadas. Ser vulnerável mostra aos outros que você é autêntico e aberto ao feedback. Isso significa admitir quando você pisa na bola. Se você cometer um erro com um cliente ou um membro da equipe, ou qualquer outra pessoa, seja sincero e não dê desculpas. Sua humildade criará uma atmosfera de autenticidade e encorajará outras pessoas a se abrirem e confiarem mais em você.

Sim, segurar a Espada da Verdade é doloroso, mas é uma das coisas mais gratificantes que você fará na sua vida. Com o tempo, ela irá gradualmente transformá-lo em uma potência incansável para o bem. Comece a aceitar críticas honestas e mude as coisas que precisam ser mudadas.

TORNE-SE UM MENTOR

Outra recompensa de ser treinável com disposição para receber mentoria é que você pode se tornar um mentor também. Tenho o privilégio de atuar de forma regular como mentor de membros da Keyser e criei uma sala reservada para coaching em nossa sede, que utilizo consistentemente para orientar e ajudar no desenvolvimento dos membros da equipe.

Essas sessões individuais são muito produtivas. Concentro toda minha energia em quem quer que esteja comigo enquanto escuto atentamente para fornecer o que essa pessoa precisa. Essas são minhas reuniões favoritas. Os membros de minha equipe são prioridade para mim; portanto, faço questão de dar a eles conselhos cuidadosos, autênticos e sinceros.

CLIENTES E COLABORADORES

Ser treinável também se aplica a clientes, parceiros e colaboradores. Ao encorajar um ambiente onde qualquer um pode lhe dar conselhos, você cria um lugar seguro para que todos possam ajudá-lo a ter sucesso. As pessoas adoram dar conselhos e trabalhar com pessoas que estão dispostas a ouvir conselhos.

Alguns dos melhores conselhos que já recebi vieram de potenciais parceiros de negócios. Por eu estar disposto a ouvir o feedback franco deles e fazer mudanças, eles decidiram trabalhar comigo porque queriam um parceiro imobiliário que ouvisse a opinião deles e buscasse melhorar.

Além disso, ao expandir o conceito de mentoria e coaching pessoal, Hardison me estimulou a considerar todos com quem tenho contato como um mentor, dando-me a oportunidade de aprender com as muitas pessoas que respeito na comunidade e até fora dela.

Sempre que encontro pessoas de sucesso, faço a elas três perguntas principais:

1. Qual é o segredo do seu sucesso?
2. O que você aprendeu ao longo de sua carreira que talvez esteja disposto a compartilhar?
3. O que você faria, se estivesse na minha situação, para pensar maior e agir de forma mais poderosa?

Aqui, novamente, você poderá ganhar com o conhecimento e experiência de quem trilhou o caminho do sucesso antes de você. Pessoas que superaram as dificuldades, aprenderam estratégias e dominaram várias áreas de negócios e relações com clientes. Encare os conselhos delas como algo valioso e absorva tudo que possa usar para ter sucesso em seus próprios projetos. Enquanto estiver procurando conselhos, use a oportunidade como uma forma de aprender mais sobre as necessidades dessas pessoas para que você possa oferecer um melhor serviço.

Seja grato pela disposição delas de compartilhar tempo e sabedoria com você. Certifique-se de agradecer sinceramente depois de ter se encontrado com elas, enviando uma mensagem de agradecimento. Como já disse antes, uma pequena mensagem escrita com sinceridade pode ir muito longe.

PONTOS PRINCIPAIS

1. Tenha um mindset treinável, que aceite receber críticas. Em seguida, defina isso para sua equipe.
2. A "treinabilidade" é a chave para criar uma extraordinária cultura empresarial.
3. Procure encontrar até mesmo verdades parciais em qualquer crítica. Use essas verdades para ajudar a si mesmo a se tornar a sua melhor versão.

4. Encontre um mentor ou coach, e seja vulnerável e transparente com ele. Seu coach agirá como um espelho, mostrando-lhe seus pontos fortes e fracos se você permitir.
5. Procure os conselhos das pessoas bem-sucedidas ao seu redor para ver o que você poderia aplicar ao seu negócio.

LIVROS PARA FOMENTAR O CRESCIMENTO

Os 5 desafios das equipes, de Patrick Lencioni

Para aqueles líderes que estão interessados em ser treináveis e em melhorar a si mesmos e suas equipes, esta é uma leitura fantástica. Os cinco principais desafios de uma equipe descritos neste livro são: ausência de confiança, medo de conflitos, falta de comprometimento, evitar responsabilidade e desatenção aos resultados. Todos esses problemas de equipe são decorrentes do fracasso dos líderes. Para combater esses desafios e implementar mudanças positivas em suas empresas, os líderes precisam ser particularmente treináveis e corrigir seus próprios problemas primeiro.

O poder do hábito, de Charles Duhigg

Este livro me abriu muito os olhos. O foco aqui é duplo: (1) descobrir os hábitos inconscientes que temos que controlam nossas vidas e, depois, (2) procurar identificar os ruins e substituí-los por bons. Esse é o segredo para uma mudança substancial.

PRINCÍPIO 13

ESTEJA CEM POR CENTO PRESENTE

"Nós estamos cem por cento presentes em tudo o que fazemos. Dedicamos toda nossa energia mental ao que estamos criando e não nos deixamos distrair por nada (tecnologia, outras pessoas ou nossos próprios pensamentos). Estamos plenamente presentes e, com isso, maximizamos cada ação e interação."

VOCÊ

Pense na frequência com que as conversas e atividades são interrompidas a cada dia. Você está tendo uma discussão com seu cônjuge e recebe uma mensagem de texto de um cliente. Você está fazendo uma apresentação e um amigo telefona para perguntar se você pode comprar algo no caminho para assistir a um jogo após o expediente. Você está em uma reunião e seu telefone vibra sem parar, tirando você mentalmente da conversa cada vez que ele toca.

As distrações são inevitáveis. Voltar ao que estávamos fazendo, especialmente após múltiplas interrupções, torna-se cada vez mais desafiador e prejudica nossa produtividade de forma significativa.

O tópico da multitarefa, embora seja popular há algum tempo, já foi totalmente desmentido. Um ser humano só pode realmente engajar plenamente seu cérebro em uma coisa de cada vez sem comprometer a capacidade de fazer algo da melhor maneira possível. Se você quer ser o melhor, você precisa estar totalmente presente naquilo que faz.

SEJA UM DIVISOR DE ÁGUAS

Então, em mundo com tantas distrações, qual seria a solução? *Consciência e intencionalidade.*

Dê a si mesmo tempo para perceber quais são as suas principais distrações. Quando você escreve um e-mail. Quando você conversa com seu cônjuge ou com seus filhos. Quando você sai com seus amigos. Quando você está no trabalho ou encontra-se de férias. O que o está afastando do momento presente? Comece a testar maneiras de bloquear essas distrações ou adie-as por um tempo.

Mikey Maynard costumava levar seu celular com ele em todos os lugares — reuniões, jantares, eventos familiares — e ele nunca o desligava. Sempre que o aparelho fazia algum som, ele verificava para ver se era um cliente. Isso o distraía durante cada reunião ou evento que ele participava, e não só mostrava às pessoas com quem ele estava que elas não eram prioridade máxima para ele, como também não era muito eficiente, porque o deixava constantemente distraído.

Hoje, Mikey não traz mais seu celular para as reuniões e é capaz de se concentrar apenas na tarefa em questão ou na pessoa com quem está se encontrando. Como resultado, seus relacionamentos se aprofundaram imensamente e ele é capaz de realizar muito mais do que jamais conseguiu antes. Esse é o poder de estar plenamente presente.

Para estar cem por cento presente em qualquer coisa que você estiver fazendo, talvez seja necessário mudar seu ambiente. Quer você esteja conduzindo uma reunião, trabalhando em um grande projeto, ou escrevendo um e-mail de rotina, elimine as distrações, tanto físicas quanto mentais. Você descobrirá que isso lhe permitirá pensar melhor e criar mais, e você acabará obtendo melhores resultados. Você também verá oportunidades que nunca identificou antes.

FAÇA DE SUA VIDA UM EXEMPLO

Acredite ou não, no mundo de hoje, o simples fato de estar plenamente presente em uma conversa pode ser um grande diferencial. Lembro-me de estar em uma reunião com Karyn MacVean e Benjamin Hernandez, especialistas da Keyser. Estávamos nos encontrando com um cliente grande e multinacional que tinha uma exigência imobiliária muito complicada. Observei como Karyn e Benjamin permaneceram totalmente presentes e concentrados durante toda aquela reunião de três horas, fazendo perguntas ponderadas, tomando notas detalhadas e nunca olhando para fora da sala, para seus relógios, ou para seus celulares.

Após a reunião, eu lhes disse como fiquei impressionado por eles estarem tão presentes e eles me olharam, surpresos. "Claro que nós estávamos! Esse é o *Keyser Way*", disseram eles. "Nós já vimos você e outros membros da Keyser falarem sobre isso centenas de vezes. Percebemos como as coisas funcionam por aqui e nos comprometemos a estar cem por cento presentes em tudo o que fazemos."

Esse é o poder do exemplo.

Outro exemplo é o grande Steve Hardison. Aprendi muito ao observá-lo sobre esse aspecto também. Ele faz jus ao seu título de coach supremo dia após dia. Steve completou o curso Landmark Forum quando ainda era criança e desde então tem ajudado muitos outros a concluí-lo, inclusive eu. Ele participou de centenas de cerimônias de formatura e ouviu as mesmas lições centenas de vezes. Você poderia pensar que agora ele se sentaria no fundo da sala, sentindo-se entediado e preparado para se retirar rapidamente. Em vez disso, Steve faz exatamente o oposto. Ele se senta na primeira fileira e olha atentamente para o instrutor. Ele escuta cada palavra dita, esperando por qualquer palavra de sabedoria que ele possa ter perdido nas centenas de vezes que ouviu essas mesmas lições anteriormente.

Isso é estar presente, isso é ser treinável, e essa é uma grande razão pela qual ele é uma pessoa tão influente. Ele está constantemente absorvendo mais sabedoria do mundo ao seu redor do que qualquer outra pessoa porque está plenamente presente em tudo o que faz. Esse poderoso hábito é algo que todos nós da Keyser aspiramos a alcançar.

Estar plenamente presente em sua própria vida, todos os dias, em todas as situações, permite que você dedique toda sua atenção e esforços a esse momento, e maximize toda e qualquer oportunidade que surja em seu caminho.

CULTURA DA EMPRESA

Estar cem por cento presente em tudo o que nós fazemos requer comprometimento, prática e responsabilidade. Como uma equipe, nós nos concentramos em aprender essa habilidade porque muitas das oportunidades que encontramos para servir as pessoas são descobertas desta maneira. Quando nos reunimos como equipe para discutir a próxima reunião com clientes, estar presente pode significar a diferença entre um grupo de pessoas distraídas e sem foco checando freneticamente seus celulares e uma equipe colaborativa operando em seu potencial máximo. Estar presente como equipe permite um espaço ininterrupto onde correntes de pensamento criativas estendidas podem fluir e as conversas podem se aprofundar nas intrincadas necessidades daquele cliente. Isso significa conexões entre os membros da equipe e intencionalidade de todos.

As distrações eliminam a capacidade de uma pessoa de se concentrar e pensar criativamente e, consequentemente, a habilidade de uma equipe de trabalhar em conjunto no estado de espírito mais produtivo possível. A distração é um bloqueio ao Princípio 5, "ser o melhor", e ao Princípio 2, "superar a competição".

Diminua o ritmo, concentre-se em uma coisa de cada vez, conclua-a bem e depois passe para a próxima. Você descobrirá que você e sua equipe podem realizar muito mais do que ao tentar fazer várias coisas ao mesmo tempo.

CLIENTES E COLABORADORES

Quando nós nos encontramos com um cliente, nos permitimos pensar *apenas* naquele cliente, não em outra coisa — não na próxima reunião, não no que iremos almoçar, não numa briga que tivemos naquela manhã com nosso cônjuge, não nas dificuldades de nossos filhos com seus deveres de casa. Nós deixamos de lado nossas próprias necessidades e qualquer pensamento sobre ganhos potenciais advindos desse cliente.

Olhamos nosso cliente nos olhos e permanecemos presentes a cada momento, ouvindo atentamente. A partir desse foco, somos capazes de determinar as necessidades mais urgentes dele, assim como algumas das que ele ainda não considerou. Pensamos criativamente sobre como podemos atender a essas necessidades e, o mais importante, nos comprometemos a acompanhá-las e atendê-las.

Minha meta é ser um ótimo ouvinte. Quando alguém se encontra comigo, quero que se sinta como se fosse a pessoa mais importante do mundo, que estou escutando profundamente cada palavra dita e que não existe ninguém mais importante do que ela naquele momento. É uma experiência muito poderosa a de ser ouvido a um nível tão profundo e eu quero oferecer isso a todos com quem estou para honrá-los e criar algo grandioso a partir dessa interação.

Se você der a todos o presente de estar cem por cento presente, você ouvirá as palavras das pessoas com mais clareza, entenderá sua linguagem não verbal mais prontamente, e, finalmente, entenderá suas verdadeiras necessidades de forma mais profunda, e então você será capaz de lhes fornecer a ajuda de que precisam.

Chelsea Austin fez uma mudança intencional quando decidiu parar de tomar notas durante as reuniões. Ela percebeu que fazer anotações estava impedindo-a de maximizar cada interação. Sem a distração de fazer anotações, ela descobriu que era capaz de se conectar muito melhor com os clientes. Agora ela consegue se concentrar na leitura da linguagem corporal e das expressões faciais, o que a ajuda a compreender quais das necessidades de seus clientes são mais críticas. Essas dicas não verbais ajudam-na a aproveitar as oportunidades não faladas para servir seus clientes. Ela descobriu que tomar notas fazia com que ela se concentrasse apenas em sua própria interpretação do que seus clientes precisavam, em vez de entender o que era mais urgente para eles.

Cada um é diferente, e eu não estou insinuando que não se deve tomar notas. Dito isso, eu particularmente sigo essa prática e outros na Keyser fazem o mesmo. Após cada reunião, pego meu celular e faço rápidas anotações de tudo o que aprendi na reunião para não me esquecer. Quando você está totalmente presente, é realmente incrível e gratificante ver o quanto realmente absorvemos quando ouvimos atentamente. Em seguida, enviamos um e-mail aos nossos clientes para resumir nossa compreensão de nossa discussão com eles. Isso confirma com eles que interpretamos corretamente o que eles precisam e lhes dá a oportunidade de fazer esclarecimentos, se necessário. Usamos nossos memorandos de voz para refrescar nossa memória antes de ter futuras interações com eles, para não perdermos nada. Estar totalmente presente é algo poderoso. Não perca a oportunidade de fazer isso.

CONCENTRE A CONVERSA NELES

Como política da empresa, nós mantemos nossos compromissos iniciais introdutórios com potenciais clientes focados neles. Fazemos o nosso melhor para evitar falar da Keyser para que possamos concentrar a reunião neles e em suas necessidades. Acho que isso é único. A maioria das pessoas em uma empresa de serviços pensa que uma primeira reunião é sua melhor oportunidade para falar sobre si mesma sem parar. Elas usam o tempo para contar quantas coisas grandiosas fizeram e quão grandes são, e depois falam sobre como são perfeitamente adequadas para prestarem seus serviços.

Acho essa abordagem, na melhor das hipóteses, entediante. Quando estou em uma primeira reunião, a última pessoa de quem quero falar é de mim mesmo. Quero ouvir tudo sobre eles, conhecê-los, entender do que se trata, o que os faz funcionar, quais são suas necessidades e assim por diante. Gasto tanto tempo e energia concentrado neles e fazendo perguntas para entendê-los melhor que, normalmente, a reunião acaba antes mesmo de termos tempo para falar sobre nós. Isso é ótimo. As pessoas não se importam com você e com o que você tem feito. Elas se importam com o fato de haver alguém que demonstre escutá-las e que se importe com elas. Essa é a mágica em qualquer interação.

Normalmente, uma reunião é definida para discutir uma oportunidade em particular; entretanto, aqueles que praticam estar cem por cento presentes escutam de forma efetiva, fazem boas perguntas e, como resultado, muitas vezes descobrem uma oportunidade de negócios maior e mais excitante do que a que estava originalmente sendo oferecida.

Um dia, Darius Green estava ao telefone com uma cliente que estava conversando com ele enquanto dirigia. De repente, ela lhe disse abruptamente que tinha que encerrar a ligação sem dar um motivo. Como Darius estava totalmente presente, ele pôde sentir que havia algo errado. Ele perguntou a ela se tinha acontecido alguma coisa, e ela lhe disse que havia acabado de ficar sem gasolina e que precisava encerrar a ligação para telefonar para o reboque. A maioria das pessoas teria dito a ela que lamentava o ocorrido e desligaria o telefone. Em vez disso, Darius perguntou imediatamente onde ela estava localizada e disse que iria até lá. Ele dirigiu até um posto de gasolina, pegou e encheu um galão de gasolina, foi até o carro dela e encheu seu tanque para que ela pudesse chegar com segurança ao seu destino.

Atos simples como esses mostram aos clientes que eles são uma prioridade para você e esse é um grande exemplo de estar "presente" para os outros. Essa cliente é uma cliente vitalícia de Darius, simplesmente porque ele estava presente o suficiente na chamada para aproveitar uma oportunidade sutil de ajudar essa cliente quando ela realmente precisava e sem que ela pedisse por isso.

Quando os clientes se encontram com qualquer membro da equipe Keyser, eles se sentam do lado oposto da mesa de um indivíduo completamente focado que escuta atentamente com um coração voltado ao serviço, totalmente comprometido em fazer seja lá o que estiver ao seu alcance para ajudar.

Nós escolhemos ser diferentes dos outros, estando totalmente presentes para que as pessoas saibam que nós da Keyser cuidamos das pessoas. Esse é nosso compromisso como indivíduos, como equipe e como organização.

PONTOS PRINCIPAIS

1. Faça uma coisa de cada vez, elimine as distrações e trabalhe diligentemente até a conclusão da tarefa em questão.
2. Lembre-se de que estar totalmente presente permite um pensamento criativo que flui livremente, o que leva a uma visão e colaboração de equipe que poderia trazer oportunidades de negócios que você não teria notado de outra forma.
3. Esteja cem por cento presente com cada cliente. Para ouvir e compreender plenamente as necessidades ou posições das pessoas, é preciso ter atenção total.
4. Não traga distrações e esteja totalmente presente nas reuniões, e escute atentamente para que a pessoa com quem você esteja se encontrando sinta-se a pessoa mais importante para você naquele momento.

LIVROS PARA FOMENTAR O CRESCIMENTO

A única coisa: a verdade surpreendentemente simples por trás de resultados, de Gary Keller e Jay Papasan

Minha frase favorita neste livro é "Qual é a ÚNICA coisa que posso fazer, de modo que, ao fazê-lo, todo o resto se tornará mais fácil ou desnecessário?". Parte de estar presente é dizer não ao fluxo interminável de coisas "importantes" que consomem nossos dias. Esteja presente em cada momento, elimine as distrações e faça as coisas importantes que você sabe que o levarão ao seu objetivo.

Essencialismo: a disciplinada busca por menos, de Greg McKeown

Semelhante a A única coisa, este livro esboça uma abordagem minimalista para a vida e os negócios. Minimalismo significa fazer apenas o que é verdadeiramente essencial e nada mais. Reserve tempo para se acalmar, ficar quieto e pensar no que é mais importante para atingir seus objetivos. Então, faça isso e de forma GRANDIOSA, e o sucesso virá a reboque.

PRINCÍPIO 14

CUIDE DE SI MESMO COM ATIVIDADES FÍSICAS E ALIMENTAÇÃO ADEQUADA

"Nós buscamos ficar fortes, saudáveis e em forma. Valorizamos e respeitamos nosso corpo com atividades físicas regulares e alimentação adequada, sabendo que isso aumenta a produtividade, a confiança e nossa capacidade de estar a serviço. Cuidamos de nós mesmos e, como resultado, a disciplina flui em todos os aspectos de nossas vidas."

VOCÊ

Quem ainda não sabe que as atividades físicas e a alimentação saudável são importantes? Todos nós, geralmente, temos uma ideia do que precisamos fazer; se realmente o fazemos é outra história. No entanto, sem saúde nenhum dos outros Princípios contidos neste livro pode ser vivido ou experimentado. Cuidar de nós mesmos deve ser uma prioridade se quisermos ter a energia e a saúde para prestar um serviço altruísta aos outros.

De modo geral, os profissionais do ramo imobiliário comercial valorizam a saúde e a aptidão física. No entanto, devido ao ambiente intensamente estressante de nosso trabalho, nós notamos um grande problema com hábitos artificiais para lidar com o estresse, tais como alcoolismo, abuso de drogas, insônia, vício no trabalho e compulsão alimentar. Ironicamente, todos esses hábitos levam ao aumento da *incapacidade* de lidar com o estresse e reduzem a expectativa de vida daqueles que vivem nesses ambientes altamente estressantes.

Grande parte de sua capacidade de se tornar ou permanecer saudável começa com um comprometimento pessoal. Encare com seriedade e faça a si mesmo as perguntas que importam: por que ser saudável é tão necessário para mim? Qual é o papel que meus hábitos alimentares e físicos atuais desempenham em minha saúde? O que eu preciso mudar neles? Quais são meus objetivos? Qual é o meu fator de motivação mais forte e que posso dizer, com sinceridade, que é o suficiente para me manter disciplinado a longo prazo?

Como empresário, você enfrenta diariamente situações estressantes que disputam a sua atenção. A alimentação adequada e a prática de atividades físicas sustentam a manutenção tanto de um corpo quanto de uma mente fortes, dando-lhe a capacidade de encontrar equilíbrio e manter-se no caminho certo. Ter um corpo saudável é essencial para criar sucesso sustentável a longo prazo em qualquer área, ainda mais em um setor tão competitivo como o de corretagem imobiliária comercial.

CULTURA DA EMPRESA

Com uma conexão tão forte entre a saúde mental e a corporal, nós priorizamos este Princípio em nossa rotina, mesmo quando nos sentimos ocupados demais.

Não temos nenhuma regra que obriga todos a permanecerem abaixo de um certo peso, manter seu colesterol em um certo nível, ou o que quer que seja. Não se trata de tentar controlar a vida das pessoas. Este é um mindset. Nós entendemos que ter uma boa saúde é importante para servir e queremos maximizar nossas oportunidades. Não podemos fazer isso a menos que mantenhamos nosso corpo funcionando corretamente.

CORPO FORTE, MENTE FORTE

O foco em atingir metas físicas saudáveis ajuda a equipe da Keyser a garantir que seremos capazes de realizar nosso sonho louco de mudar o mundo dos negócios através de um serviço altruísta.

Criamos propositadamente um ambiente seguro e confortável para diminuir o nível de ansiedade e estresse comum em nosso setor. Também criamos um ambiente que fomenta e apoia a saúde ideal.

Cada um de nós se empenha para melhorar os próprios hábitos de alimentação saudável e de atividades físicas regulares, e buscamos melhorar progressivamente para nos tornarmos as versões mais saudáveis de nós mesmos.

Vários membros da Keyser já foram atletas federados ou estiveram no exército e conhecem os extremos de forçar seus corpos até o limite. Kari Hartman, por exemplo, faz exercícios cardiovasculares cinco dias por semana. O experiente Todd Linde adora se exercitar e acaba de vencer o mais recente desafio de saúde da Keyser. Matthew Cummings não perde um dia sequer de exercício no simulador de escada, e Karyn MacVean adora fazer aulas de spinning e caminhar depois do trabalho.

ESTIMULE SER SAUDÁVEL

Nem todos na Keyser, no entanto, são naturalmente vocacionados para atividades físicas. Então, como motivamos o envolvimento na melhoria de nossos hábitos de saúde se não amamos nos exercitar de forma natural? Nós incentivamos estilos de vida saudáveis de várias maneiras diferentes.

O mais óbvio é nos envolvermos em competições físicas, o que nos motiva a permanecer em forma e também fomenta a natureza competitiva dentro da maioria de nós. Nós temos equipes fixas de softbol, basquete e vôlei que jogam em ligas urbanas. No escritório, estamos atualmente no meio de um torneio de pingue-pongue altamente competitivo, que na Keyser é muito mais atlético do que parece. Nós programamos atividades físicas em conjunto e temos um desafio de condicionamento físico. Isso ajuda toda nossa equipe a se envolver com o Princípio 14.

DESCUBRA UM NÍVEL QUE FUNCIONE

Nem todos em nossa equipe podem participar em competições de alto nível; entretanto, todos nós podemos investir em nossa saúde, e é mais fácil fazê-lo juntos. Rick Osselaer, carinhosamente conhecido como Ocelot, é um diabético tipo 1. Para ele, comer de forma saudável e se exercitar regularmente é uma necessidade para a sua vida e para controlar os sintomas de sua doença. Ele sentiu-se atraído pela Keyser porque gosta de estar perto de pessoas que também tentam ser saudáveis. Isso o incentiva a seguir seu plano para que ele possa dar conta do trabalho e também ter uma vida mais longa ao lado de sua família.

Particularmente, eu gosto de fazer caminhadas matinais nas montanhas. Elas não só me trazem grandes benefícios físicos, mas também me oferecem um momento de paz, sossego e reflexão. Eu tenho minhas melhores ideias quando faço minhas caminhadas matinais, mas também gosto de aulas de spinning e de musculação.

Dentro do escritório, criamos um desafio de saúde frequente. O objetivo é ser aquele que consegue perder a maior quantidade de gordura corporal. Esse é um desafio coletivo para aqueles que optam por participar. Medimos a gordura corporal e o peso de cada participante e depois damos um prêmio para a pessoa que mais perde peso.

A atividade física não é nosso único foco para manter a saúde. Nossa cozinha e área de descanso, que chamamos carinhosamente de "Lagoa", é regularmente abastecida com alimentos saudáveis em vez de apenas doces e refrigerantes. Temos liquidificadores para fazer sucos saudáveis. A newsletter mensal *Keyser Fitness and Nutrition* é enviada por e-mail por um personal trainer para compartilhar mudanças simples que podemos fazer para melhorar nossa saúde.

Nossa abordagem não é intensa. As pessoas podem comer o que elas quiserem. Nós simplesmente nos encorajamos e nos desafiamos de forma mútua, mantendo uma atmosfera que sustenta hábitos saudáveis.

A criação de um ambiente de trabalho saudável pode ser diferente em seu escritório. Pense no que você e sua equipe gostam e programe essas atividades. Estimule atividades físicas e você verá uma melhora nos resultados de sua equipe.

CLIENTES E COLABORADORES

Esportes e atividades físicas podem ser uma ótima maneira de conhecer clientes em potencial enquanto você se mantém em forma. Maia Arneson, por exemplo, é uma corredora fervorosa e adora fazer networking; às vezes, ela corre com outros empresários. Como um benefício secundário do comprometimento pessoal de Maia com a saúde e as atividades físicas, ela formou novos relacionamentos, e alguns desses novos amigos se tornaram seus clientes.

Ruth Darby adora caminhar na montanha e às vezes ela convida os clientes para lhe acompanharem durante uma caminhada. Nada como desenvolver um relacionamento enquanto se está ofegante subindo uma montanha. Eu adoro convidar clientes para caminhar, malhar ou praticar wakeboard ou snowboard comigo. Nós fazemos atividades físicas, mas, igualmente importante, temos tempo para criar laços e desenvolver um relacionamento.

Na maioria dos casos, a confiança e as relações começam com uma simples conversa. Estar ativamente envolvido em esportes ou em qualquer forma de atividade ao ar livre pode aproximar você e um cliente em potencial com base em interesses comuns. Pode ser que ambos participem de corridas para arrecadar dinheiro para causas como a luta contra leucemia e câncer de mama ou para ajudar hospitais infantis. Nunca se sabe onde poderá acontecer sua próxima reunião com esse cliente uma vez que você descubra que tem interesses semelhantes ou compartilham o amor por algum esporte.

Um de meus clientes que viaja muito experimenta uma nova academia em cada cidade que visita e convida as pessoas com quem se encontra enquanto está lá para se juntar a ele no treino. Isso permite que ele permaneça em forma enquanto mantém seu estilo de vida, caso contrário, seria difícil frequentar academias regularmente.

Por estimular a autodisciplina e a saúde em sua comunidade, e com seus clientes e colaboradores, eles o verão como uma pessoa comprometida com o autoaperfeiçoamento e você terá energia e vitalidade para servi-los ao máximo. É para isso que nos empenhamos aqui na Keyser.

PONTOS PRINCIPAIS

1. O mundo dos negócios está repleto de pessoas que têm dificuldades para reduzir o estresse e que muitas vezes parecem ter hábitos pouco saudáveis para lidar com ele. Incorpore a atividade física e uma alimentação saudável para ajudar a encontrar equilíbrio.
2. Um estilo de vida saudável é importante tanto para uma mente sadia quanto para um corpo em forma. Crie um ambiente de trabalho que apoie a saúde.
3. Crie um ambiente seguro e confortável que reduza substancialmente os níveis de estresse.
4. Programe atividades ou desafios para que sua equipe se envolva e apoie uns aos outros.
5. Disponibilize lanches saudáveis na cozinha ou área de descanso do escritório.
6. Mostre saúde e disciplina em sua comunidade e a seus clientes e colaboradores.
7. Encontre maneiras de se conectar com as pessoas através de interesses compartilhados em várias atividades físicas.

LIVROS PARA FOMENTAR O CRESCIMENTO

Comer para viver, de Joel Fuhrman

Eu adoro a simplicidade deste livro. Ele nos leva de volta ao básico: legumes, frutas, grãos integrais, alimentos não processados. Não é tão complicado assim!

Os desafios à força de vontade: como o autocontrole funciona, por que ele é importante e como aumentar o seu, de Kelly McGonigal

Parte de ser saudável não é apenas conhecimento, mas também força de vontade para agir de acordo com esse conhecimento. Este livro serve para abrir os olhos de pessoas interessadas em aumentar sua força de vontade pessoal. Ele apresenta muitos conselhos práticos que têm me ajudado bastante.

PRINCÍPIO 15

SEJA DISRUPTIVO E FAVORÁVEL À MUDANÇA

"Nós somos disruptivos, aceitamos a mudança e pensamos em tudo o que fazemos. Exploramos e integramos continuamente novas ferramentas e inovações, com o objetivo de maximizar a eficiência pessoal e fornecer o melhor serviço para cada cliente."

VOCÊ

Este Princípio requer um mindset de coragem alinhado a uma vontade de ir contra o fluxo e fazer as coisas de forma diferente e destemida, independentemente de como elas tenham sido feitas no passado. Se você está lendo cada um desses Princípios e está começando a incorporá-los em sua vida e em seus negócios, você já é um profissional disruptivo. Ter escolhido mudar sua vida está mudando a direção de seu destino. Você está tomando as rédeas em sua própria vida, na cultura de sua própria empresa e na comunidade empresarial.

Ter um mindset disruptivo é algo contínuo. Isso significa estar constantemente à procura de diferentes maneiras de ver e fazer as coisas. É a vontade de ser diferente e isso começa com uma decisão pessoal de nunca parar de procurar novas ou melhores maneiras de agir.

CULTURA DA EMPRESA

Estamos construindo nossa empresa para durar. Para isso, nossa equipe deve avaliar o atual modelo de negócios da empresa de forma consistente, reajustando-o para adequá-lo às mudanças que observamos que estão por vir. No mundo de hoje, isso significa que precisamos estar constantemente revolucionando nosso próprio modelo de negócios antes que outra pessoa tenha a chance de fazê-lo, pensando de forma criativa e colaborativa como uma equipe e dentro de nossa cultura e princípios.

SENDO CONTINUAMENTE DISRUPTIVO

Muitas empresas inovadoras experimentam uma onda inicial de sucesso apenas para acabar sendo vendidas, falidas, ou encerrar suas atividades por conta de uma nova empresa que descobriu uma maneira nova e melhor de atender às necessidades do setor em transformação. Muitas das empresas que saíram do mercado começaram bem, pensando de forma disruptiva e criativa. Entretanto, ao longo do tempo, elas se acomodaram e passaram a ignorar a importância de se reinventarem de forma contínua.

O ritmo das mudanças aumentou, e indivíduos e organizações que não se mantêm na vanguarda da inovação serão rapidamente deixados para trás.

Nós entendemos isso na Keyser e apreciamos a urgência de explorar continuamente ideias inovadoras, formas de fazer negócios e avanços tecnológicos para que possamos nos manter na vanguarda de nosso setor.

Por exemplo, a Keyser foi a primeira empresa no mundo a lançar um aplicativo que coloca o poder da estimativa de espaço diretamente nas mãos do locatário. Embora o aplicativo Keyser Space Calculator App para iOS seja um aplicativo relativamente simples, as pessoas o utilizam hoje em dia em todo o mundo para estimar as necessidades de metragem quadrada para suas empresas. Estamos comprometidos como organização a criar constantemente formas inovadoras de atender às necessidades de nosso setor.

Há alguns anos, recebi um aviso por e-mail de que um de nossos principais concorrentes tinha começado a utilizar as mídias sociais para os negócios. Minha primeira reação foi rir e chamá-lo de dinossauro na minha cabeça. Nós usamos as mídias sociais desde o início, assim como muitas outras ferramentas.

Entretanto, rapidamente percebi que existem áreas em que nós também somos dinossauros, mas que não conseguimos reconhecê-las ainda. Esse pensamento me faz perguntar regularmente: "Em qual aspecto da empresa somos o dinossauro?" para garantir que nossa equipe continue a ser disruptiva em nossos métodos comerciais.

Adotar novas tecnologias e descobrir novas estratégias mantém uma organização relevante e viva.

CLIENTES E COLABORADORES

A Keyser está na vanguarda no momento, mas em poucos meses nós poderíamos facilmente cair no anonimato e na irrelevância, como já aconteceu com muitas empresas antes de nós. Devemos nos reinventar regularmente ou correr o risco de nos tornar ultrapassados.

Os gurus da infraestrutura digital da Keyser, Michael Ortiz e Patrick Wilcox, conhecem a disrupção em primeira mão, pois ajudam os clientes com suas instalações mais importantes e requisitos de infraestrutura de dados. "Ao contrário das empresas tradicionais, aqui na Keyser nós trabalhamos como uma equipe coesa em vez de grupos fragmentados, o que significa que estamos completamente empenhados em suprir as necessidades tecnológicas de nossos clientes imobiliários", disse Wilcox. "Trabalhar assim nos permite ser uma extensão da empresa de nossos clientes e estabelecer um relacionamento duradouro à medida que eles evoluem."

A disrupção aparece de muitas formas. Em um setor como o imobiliário comercial, a verdadeira colaboração pode ser um diferencial disruptivo.

RECONHEÇA AS PRÁTICAS ENGESSADAS

Uma maneira de uma empresa se tornar um dinossauro é não identificar e eliminar suas práticas engessadas. Avalie constantemente seus procedimentos comerciais e pergunte-se, "Por que estamos fazendo desta maneira e será que existe uma maneira melhor, mais eficaz ou eficiente de fazê-lo?". Não se limite a métodos ultrapassados só porque eles lhe trouxeram sucesso anteriormente. Lembre-se de que outras empresas estão planejando e trabalhando duro para superar e dominar seu setor. Não deixe sua empresa se extinguir porque apareceram concorrentes mais progressistas e que chegaram no setor como um furacão. Torne-se um pensador que visa o progresso. Seja criativo e ousado, conheça sua clientela e implemente práticas de vanguarda regularmente.

Dois dos brilhantes conselheiros da Keyser, Ryan Steele e Clint Hardison, aplicaram esse mindset disruptivo a um acordo que estavam negociando. O cliente lidava com a logística de terceiros. O problema era que seus contratos eram tipicamente de curto prazo e de natureza sazonal, portanto o cliente sempre enfrentava prazos muito curtos para encontrar e alugar grandes quantidades de espaço para seus clientes sazonais.

Depois de um brainstorming, Clint e Ryan tiveram a ideia de combinar as necessidades de espaço estáveis e de longo prazo do cliente com suas necessidades menos desejáveis e de curto prazo. Desta forma, se um locador quisesse se beneficiar da locação de longo prazo do cliente, ele ou ela também teria que descobrir uma maneira de acomodar as necessidades de locação frequentes, mas imprevisíveis, de curto prazo do cliente. Através de mensagens estratégicas e de uma estratégia cuidadosamente implementada, Ryan e Clint foram capazes de reestruturar o negócio de uma estrutura que os locadores normalmente evitariam para uma que fosse tão atraente que os locadores em todo o mercado competissem agressivamente por ela. Isso acabou resultando na localização de múltiplos edifícios que não só acomodariam as necessidades do cliente a curto prazo, mas também o fariam em termos significativamente abaixo do mercado. O cliente expressou que nunca havia conseguido termos tão favoráveis aos inquilinos em seus quinze anos de aluguel de espaço.

Tire um tempo para observar o seu setor. Existe alguma abordagem "padrão" para fazer as coisas? Como você pode revolucionar essa norma? Como é possível melhorá-la?

ESQUEÇA-SE DAS GLÓRIAS DO PASSADO

Talvez seu negócio esteja dominando o mercado neste momento. Ótimo. Parabéns. Mas não relaxe e presuma que você irá dominá-lo para sempre. Nunca descanse sobre seus louros do passado. Procure continuamente novas tecnologias, metodologias e ideias para manter-se relevante e à frente das tendências do mercado.

Faça sessões de brainstorming criativas e disruptivas por conta própria ou com sua equipe e analise se você está ou não acompanhando as tendências de mudança. Reúna-se com pessoas de fora de sua empresa e pergunte que mudanças elas preveem. Converse com recém-formados em seu setor e entenda suas ideias; graduados universitários podem ser excelentes fontes de ideias engenhosas. Reúna suas ideias e depois certifique-se de que sua empresa seja a primeira a fazer as atualizações que são tanto estratégicas quanto benéficas dentro do seu segmento.

Um mindset disruptivo nos permite permanecer relevantes a fim de oferecer o melhor serviço aos clientes. Ser disruptivo nos negócios é como nós da Keyser continuamos a realizar nossa visão para mudar o mundo através de um serviço genuíno e altruísta.

Resista ao status quo. Aceite a mudança. Lembre-se de que só porque algo funcionou no passado, não significa que funcionará no futuro. Aceite a ideia de evoluir constantemente. Prefira a efetividade no lugar do desejo de "ser cuidadoso" e você continuará a vencer sua concorrência.

PONTOS PRINCIPAIS

1. Se você está tomando as rédeas e optando por incorporar os 15 Princípios Fundamentais da Keyser em sua vida e negócios, você já é um disruptivo em seu mundo pessoal e segmento.
2. A disrupção é um mindset e significa estar constantemente à procura de novas ou melhores maneiras de agir.
3. Pergunte-se constantemente: "Em qual aspecto da empresa somos o dinossauro?" para evitar ser superado por outra empresa disruptiva em seu setor.
4. Elimine as práticas engessadas perguntando-se: "Por que nós estamos fazendo dessa maneira e haveria uma maneira melhor de fazer isso?"
5. Explore novas tecnologias, metodologias e ideias para se manter na vanguarda de seu setor.
6. Faça as mudanças necessárias para continuar sendo uma força dominante em sua área.

LIVROS PARA FOMENTAR O CRESCIMENTO

Play bigger, de Al Ramadan, Dave Peterson, Christopher Lochhead e Kevin Maney

Eu adoro este livro. Nós o lemos em um recente retiro executivo da Keyser e chegamos à conclusão de que ainda estávamos subestimando nosso potencial, por mais que achássemos que estávamos pensando grande. Este livro recomenda olhar o que você está fazendo, ver onde você pode ser disruptivo, e depois criar uma nova categoria em torno dessa nova ideia. Uma vez criada uma nova categoria, o próximo passo é se tornar o rei dessa categoria. Essa é nossa estratégia para o crescimento da Keyser.

BOLD: oportunidades exponenciais de Peter H. Diamandis e Steven Kotler

Adoro livros desafiadores como este, que incentivam um pensamento realmente grande. Os autores recomendam procurar oportunidades para ser disruptivo e tomar medidas grandes, ousadas e destemidas. Eles descrevem a capacitação individual possibilitada pela tecnologia para revolucionar o setor, mudar o mundo e criar um impacto extraordinário de maneiras nunca antes pensadas possíveis.

Aperte o cinto, porque este livro é um foguete.

Você não é tão esperto quanto pensa de David McRaney

Esta é uma leitura obrigatória para todos. Este livro é revolucionário para o que você acredita atualmente sobre si mesmo e sobre o mundo. Particularmente, ele foi um dos mais disruptivos que li em muito tempo. Prepare-se para pensar de forma diferente sobre quase tudo em que você acredita. Este livro não é para os fracos.

AGORA É A SUA VEZ

DESENVOLVENDO SEUS PRÓPRIOS PRINCÍPIOS

"O segredo da mudança é concentrar toda sua energia não na luta contra o velho, mas na construção do novo."

— SÓCRATES

Nossos Princípios têm a maior importância para nós da Keyser. Eles ***são*** a Keyser. Sem eles, seríamos apenas mais uma corretora imobiliária. Mas com eles…

Nós estamos mudando o mundo dos negócios através do serviço altruísta.

A esta altura, você já sabe exatamente qual é a sua posição. Você sabe tudo sobre a *Keyser Experience* e como nós a criamos. Você já determinou dentro de si se a metodologia de serviço altruísta da Keyser faz sentido para você e se é o tipo de base sobre a qual você quer construir sua empresa.

É hora de você levar o futuro de sua empresa para o próximo nível. Está na hora de pegar os Princípios que você aprendeu na Parte Dois e aplicá-los na sua realidade. Dê vida a eles dentro da cultura de sua empresa e permita que eles se tornem a força propulsora de sua equipe enquanto você procura ser uma força positiva e altruísta em sua comunidade e setor.

Você provavelmente descobrirá que os Três Níveis de Reinvenção ensinados e a maioria dos 15 Princípios Operacionais Fundamentais da Keyser se encaixam naturalmente em sua cultura. Também pode haver elementos que não se alinham com o que você está querendo criar. O processo de desenvolvimento dos Princípios que serão a sua bússola depende majoritariamente de você e de sua equipe conseguirem criar Princípios orientadores que sejam capazes de representar os valores que você quer perpetuar.

Os princípios de sua empresa serão a peça mais fundamental de sua transformação de sucesso. Eles precisarão ser adaptados a você e ao seu setor.

Se o processo de desenvolvimento levar dias ou semanas, certifique-se de que os princípios com os quais você se compromete estão no centro de quem você aspira ser, e então construa ou reconstrua seu negócio em torno disso.

Uma vez que você tenha seus princípios, é fundamental incorporá-los em tudo o que você faz como organização.

Não os deixe esquecidos como meras declarações. Não deixe que seus princípios se transformem em tinta sem sentido sobre folhas de papel. Você, como líder, precisa vivê-los, portanto, responsabilize-se e responsabilize sua equipe por fazer isso.

Seja o líder que sua empresa precisa e viva os princípios que você agora construiu para a sua empresa. Seja o exemplo que abrirá o caminho que sua equipe seguirá.

Você deve ver seu trabalho como sendo o de guardião da cultura que você escolheu implementar tão cuidadosa e intencionalmente. Como diz o velho ditado, "O peixe apodrece a partir da cabeça", então se você, como líder, não vive os princípios que definiu, ninguém mais o fará.

Mas sua jornada não para por aí. O sucesso de sua cultura depende igualmente das pessoas que compõem a sua equipe.

Comprometa-se a recrutar profissionais alinhados à cultura da sua empresa e responsabilize toda a empresa por viver os princípios em todos os aspectos do seu negócio.

Quando você se compromete a garantir o sucesso de seus novos princípios em sua empresa, você deve estar preparado para os desafios que sua equipe enfrentará internamente. Nem todos estarão naturalmente alinhados com a cultura que você está criando. Talvez você precise dispensar algumas pessoas durante o processo. Muitas vezes, alguns de seus profissionais mais talentosos não se encaixarão em uma cultura de serviço por causa de seus egos pessoais. Faça a mudança mesmo assim.

É imperativo que você escolha a cultura em vez do talento.

O que tenho visto é que quanto mais cedo você limpar a casa, melhor. Os membros da equipe que estão desalinhados culturalmente podem ser absolutamente tóxicos para sua organização. Esse foi o maior erro que cometi ao fundar a Keyser — manter as pessoas erradas a bordo por muito tempo, numa tentativa de reeducá-las. É uma lição difícil de aprender.

Toda sua equipe de liderança deve estar completamente alinhada tanto na vivência quanto na implementação de seus princípios.

Esses princípios são o mecanismo regulador que guiará sua organização para enfrentar os desafios do dia a dia e trabalhar em conjunto em direção a seus objetivos. Eles unirão a empresa como uma equipe.

Concentre-se em fazer com que cada membro da equipe aprenda os princípios de cor. Torne um hábito diário discuti-los e revisá-los com sua equipe.

Seus princípios devem se tornar tão bem conhecidos que eles se tornam enraizados no subconsciente de cada membro da equipe — tal qual uma segunda natureza para cada um.

Quando se chega ao ponto de citar os Princípios como parte de uma conversa normal sem perceber que se está fazendo isso é quando eles se enraizaram em sua alma.

O verdadeiro sucesso é chegar ao ponto em que todos os membros da equipe vivem os Princípios em sua rotina. Baixe o livreto dos 15 Princípios Operacionais Fundamentais da Keyser em: www.ruthlessbook. com/vault.

EPÍLOGO

ENGAJE-SE CONOSCO

Depois de ler este livro, se você estiver motivado e inspirado a juntar-se ao nosso Movimento para mudar o mundo dos negócios por meio de um serviço altruísta, aqui estão três maneiras simples de juntar-se a nós, dependendo de sua situação atual:

Se você trabalha no setor imobiliário comercial e está cansado do ambiente tradicional de empresas do setor, entre em contato conosco. Estamos sempre em busca de líderes talentosos, os melhores da categoria, orientados a servir, para auxiliar na abertura de novos escritórios da Keyser e assumir papéis de liderança à medida que evoluímos a empresa para entrar no ranking da *Fortune 500*. (Saiba mais em nosso site: www.ruthlessbook.com/Keyser.)

Se você é um executivo e gostaria de experimentar como é ter uma equipe de consultoria imobiliária comercial da Keyser ajudando-o com suas necessidades imobiliárias, gostaríamos de conversar com você. Seria uma honra poder atender às suas necessidades e mostrar-lhe um nível de serviço que você nunca experimentou antes. Saiba mais sobre o diferencial da Keyser em: www.ruthlessbook.com/difference.

Se você não está no ramo imobiliário comercial, mas é líder em uma empresa ou setor que precisa de mudanças similares, nós podemos ajudá-lo. Se você gostaria de ajuda para criar a Keyser Experience em sua própria organização, entre em contato conosco. Temos muitos recursos para ajudá-lo a criar uma cultura de serviço altruísta para si mesmo. Acesse: www.ruthlessbook.com/selfless.

NOTA DO AUTOR

Se você acabou de ler meu livro e precisa de ajuda, nós estamos aqui para lhe ajudar. Nós queremos servi-lo. Estamos desenvolvendo o Instituto Keyser para ensinar como integrar o serviço altruísta de forma eficiente em sua organização. Já servimos a milhares de líderes em diversos setores. Nós os ajudamos a criar e refinar suas missões de serviço altruísta. Avise-nos se pudermos ajudá-lo e fique de olho em nosso próximo livro que o levará ao próximo nível com informações sobre o *Keyser Way*.

Espero que os conselhos práticos apresentados neste livro lhe ajudem a avançar na transformação de seus negócios e de sua vida. Espero que esteja convencido de que é absolutamente possível trazer um espírito de serviço ao mundo dos negócios que acabará proporcionando sucesso e felicidade para você como ele me proporcionou.

Seja abençoado,

Jonathan

AGRADECIMENTOS

A minha mãe e a meu pai, por me darem vida, me amarem, me apoiarem de modo altruísta e por me ajudarem a editar/reescrever grande parte deste livro.

A Steve Hardison, por me apresentar a mim mesmo pela primeira vez e me encorajar, e me responsabilizar por ser quem realmente sou.

A Steve Chandler, por me iniciar na minha jornada de reinvenção e ajudar a tirar as primeiras iterações deste livro de dentro de mim.

A Maia Arneson, por todo o seu extraordinário esforço em me ajudar a colocar este livro no mercado.

A todos na Keyser, por serem tão incríveis e me apoiarem tanto.

A Jerry Porter e Matthew Miller, por acreditarem em mim quando muito poucos acreditavam.

A David Marino, por dedicar tempo para ajudar um jovem nos negócios.

A Keith Ferrazzi, por me inspirar e por ser um grande amigo.

A Dave Squire, por ser um incrível mentor e amigo.

A John Ruhlin, por ser um grande amigo neste processo.

A Robyn Burwell, por ajudar a transformar minha visão do livro em uma realidade.

A minha preciosa Susanna, por me amar e dar às crianças e a mim uma vida nova muito feliz.

A todos os meus amigos na comunidade empresarial do Arizona, que acreditaram em nossa visão e nos ajudaram e apoiaram de muitas maneiras diferentes ao longo da jornada. Não estaríamos aqui sem o apoio de cada um de vocês e sou extremamente grato por todo o apoio e amor.

Aviso do autor: minha história e meus exemplos dentro destas páginas foram retransmitidos a partir do melhor da minha lembrança na época. Como alguém que aprendeu a viver no momento, algumas das linhas temporais, detalhes, pessoas ou representações podem estar fora de ordem, lembradas de maneira diferente por outros, ou simplesmente estar imprecisas. Não é intencional, pois eu realmente retransmiti minha jornada com o melhor de minha lembrança.

Além disso, alguns itens internos foram alterados intencionalmente para manter as pessoas, as histórias e as recomendações confidenciais.

Por fim, esta é uma história sobre minha jornada e filosofia sobre como criar sucesso através do serviço. Embora acredite do fundo do meu coração em nossa abordagem e filosofia, e tenha criado particularmente o sucesso por meio do serviço, não há nenhuma garantia de que as ideias, estratégias e recomendações empregadas garantirão o sucesso para você ou para qualquer outra pessoa. Se você estiver interessado em realmente se reinventar em torno do serviço e sentir que gostaria de assistência adicional, entre em contato conosco e nós o ajudaremos como pudermos.